『資本論』ノート

共産主義への必然性はなかった

EJIMA Masaharu

江島正東

論創社

Das Kapital: Kritik der politischen Oekonomie

＜目 次＞

『資本論』ノート
　　——共産主義への必然性はなかった

＜前編＞　随筆・資本論

1. 資本論との出会い　3
2. アエロフロート機内にて　6
3. 友人は、セルビア難民　11
4. マルクス再評価　15
5. 『地球最後のオイルショック』を読んで　20
6. 映画「慕情」より　23
7. サブプライム・ローン　26
8. 資本論に見る「恐慌論」　31
9. トヨタ・危うし！　37
10. 派遣切り　40
11. カンブリア宮殿　43
12. オバマ　頑張れ！　46
13. キューバ革命50年の現実　49
14. 空想から科学へ　54
15. 盛者必衰　GM倒産す　58
16. 『マルクスの逆襲』を読んで　63
17. マルクスは生きている　67
18. ビートルズとマルクス　72
19. トマ・ピケティの『21世紀の資本』を読んで　81

＜後編＞　資本論分析

はしがき　91

第Ⅰ部　共産主義の到来は歴史的必然か

第1章　資本論の前提条件〔製品は予定通りに売れると仮定する〕　93
  (1) 3種類の前提条件　93
  (2) 前提条件の検討　95

第2章　資本論の基本命題〔恐慌と革命は避けられない〕 98
　(1) 8つの基本命題　98
　(2) 基本命題の解説　98
　(3) 資本論のイントネーション　114
　(4) 基本命題による資本論スケッチ　116
第3章　資本の循環〔機械の減価償却費と残存価額は別物である〕 119
　(1) 資本とは何か？　119
　(2) 資本論における「企業資本運動」のとらえ方　120
　(3) 企業資本の運動の態様　122
　(4) 企業会計における「企業資本運動」のとらえ方　125
　(5) 資本の循環と回収理論　130
第4章　2つの法則の検討　135
　(1) 第1法則（＝基本命題No.5）の検討〔剰余価値論の矛盾を突く〕 135
　(2) 第2法則（＝基本命題No.8）の検討
　　　　〔減価償却費（flow）と残存価額（stock）の混同〕 141

第Ⅱ部　共産主義と資本主義との相違点

第5章　生産部門〔共産主義になれば個人的欲望はなくなるのか？〕 145
　(1) 共産主義の特徴と理想像　145
　(2) 共産主義社会の現実　146
　(3) 財務諸表を参考にして　149
第6章　分配部門〔共産主義でも国民の生活必需品は変わらない〕 152
　(1) 共産主義社会の第1段階における分配　152
　(2) 株主配当金に関する一考察　156
　(3) 共産主義社会のより高度の段階における分配　159

おわりに　163

『資本論』ノート
──共産主義への必然性はなかった

＜前編＞　随筆・資本論

1. 資本論との出会い

　私が大学に入学した頃、少なくとも東北大学の経済学部では、いわゆるマルクス経済が主流であった。ケインズの流れをくむ近代経済や、経営学でくくられる簿記論、財務諸表論、監査論等も有りはしたが、講座の数ではマルクス系が多かったように思う。

　当時は左派系の学生運動が盛んなときで、私自身、大学で学ぶべきはまずマルクス経済だろうとの考えに至ったのも、ごく自然な成り行きであった。

　今から思うと思い上がりもあったと思うが、公認会計士を目指して監査論を勉強している同級生をみて、それは技術ではあっても学問では無いだろう、と思ったこともあった。大学ではまず学問をすべきだと。

　入学して間もなく、ずしりと重い資本論第１巻を購入した。程なく、資本論を読む会というサークルが、教養課程で経済原論の講義を担当していた教授を中心に始まった。教授はまだ若く、張り切って情熱的に講義をしていた。そして「自分も、もう一度始めから資本論を読み直したい」と言うことであった。

　また入学してからまだ何ヶ月も経たないのに、もう壇上に進み出て、ビラを配りアジ演説をする同級生も現れてきた。彼らに対して私は、左派運動も良いが、その前にまず資本論ぐらい読むべきではないのか、と違和感を持ったものだ。パンフレットを読んだぐらいですぐ行動に移る、その軽薄さに付いていけなかった。

　教養課程の２年間に、曲がりなりにも資本論全巻を読み終えたが、それを理解し、消化できたとはとても思えなかった。そしてこれ以上続けても、何か新しい展開が広がるようにも思えなかった。３年生に進級するに際し、専門課程のゼミを選択するとき、消去法で選んだのが会計学であった。

とは言っても、会計学はもとより、積極的に勉強したくて選んだわけではないので、勉強はほとんどしていない。また、資本論に一区切りを付けたとは言っても、マルクス経済学の盛んな東北大学では、マルクス経済学系の講座を幾つか選択しないと、卒業単位に満たない状況にあった。従ってこちらも消極的な気持ちで、5つ前後の講座を受講することになった。

　そのうちの或る中年の教授は、「マルクスは、資本論の中でこの様に言っている。だから間違いない」と言う講義であった。つまり資本論に対しては無条件降伏状態で、教授自身の考え、意見を聞くことは全くなかった。

　また或る年配の教授は、資本論の中で最も有名な章である、第1巻、第24章「いわゆる本源的蓄積」が正しいのか、間違いがないのかを検証したい、と言って講義を始めた。講義中はほとんど、目をつぶって、ぶつぶつ言っていた。そしてそれを自ら用意してきた、大きなリール式の録音テープに、録音していたのである。

　誰かがその講義を筆に起こして出版しようと考えていたのか、自分が何を喋っているのかを、後から確認したいと思っていたのか知るよしもないが、不思議な光景であった。どちらにしても私にとっては、さっぱり資本論に対する理解が進まない講義ではあった。

　それから22年後の1991年、共産主義国家のソ連が崩壊した。1922年の成立以来69年間に及ぶ歴史に幕が下りたのである。この時、私はこの歴史的な事件に対して何らかの解説、釈明がこれらの教授連中の中から出てくることを期待していたが、結果はナッシング!! 全くの音無しであった。

　東北大学に限らず、日本中の大学には、おびただしい数のマルクス系の教授がいたはずである。にもかかわらず、何らかの骨のある論評、或いは資本論に対する何らかの検証が発表されたことを、私は寡聞にして知らない。

　この時点で私の心には、確信にも似た思いが広がった。「あの学生時代の講義は何だったのか、結局、教授達は資本論の講義をしていたようで

あったが、それはせいぜい資本論の紹介ではあっても、資本論を正しく読み解いてはいなかった」と。

　教授自らが消化できてない資本論を、学生に語って聞かせても、学生が理解できるわけは無いであろう。貴重な学生時代をなんと無為に過ごしたものか。今思うと、もったいない話である。

(2008 年 4 月)

2. アエロフロート機内にて

 2007年10月16日、私はトルコ観光のため、4時間遅れで成田を離陸する予定の、アエロフロート・ロシア航空（SU）576便「モスクワ行き」の機内にいた。
 「飛行の妨げになりますので、携帯電話、パソコン等の電源はお切り下さい」との機内放送が何度かあったにもかかわらず、搭乗者の最後に駆け込んできて、私の隣に座った50歳前後と思われる女性は携帯電話で話し続けている。数席離れた椅子のご婦人も、こちらを見て睨んでいる。私も余程注意をしようと思ったが、話の様子からのっぴきならない雰囲気もあったので我慢した。
 その電話は、飛行機が滑走を始め、まさに離陸するところまで続いた。外見と電話の応答から判断して、この人は日本人だろうと思っていた。そして日本人の中にも、マナーを心得ない人が居るものだと気分を害していた。
 飛行機が安定飛行に移って、キャビンアテンダントが近くに来たとき、彼女の口から出たのは流暢なロシア語であった。どうやらジュースとロシア語の新聞、そして日本経済新聞を依頼していたようだ。私は彼女（Aさん）に好奇心を覚え話しかけてみた。

 私「ロシアの方ですか？」
 A「そうです」
 私「日本人だと思っていました」
 A「私の祖父と祖母は日本人と朝鮮人でした。家族は第二次大戦前、樺太に住んでいましたが、戦後そこに残ってロシア人になりました。私は戦後、樺太で生まれたロシア人一世です。私の父親は若くして亡くなりましたが、母親が一人で火力発電所の石炭くべをしながら、7人

の子供を育て上げてくれました」
私「日本語がお上手ですね」
A「日本に住むようになって17年になります」
私「通訳でいらっしゃいますか？」
A「時々やりますが」
私「私は千葉に住んでおりますが、近くに優秀なロシア語の通訳がおります」
A「何という人ですか」
私「Mさんと言います」
A「ああ、ご主人がドイツ人の」
私「よくご存知ですね」
A「ロシア語の世界は狭いですから。Mさんは細かいことに、よく気の付く人です」
私「日本語はどちらで勉強されたんですか」
A「日本に来てからです」
私「ロシアの学校では、主にどんな勉強をされましたか」
A「大学での専攻は、地球物理学・地質学でした」

　そう言いながら彼女は、日本経済新聞に目を通し始めた。外国人で日経新聞を読む人、読める人は珍しいのではないだろうか。そう思いながら私も横から記事をのぞき込んでいると、「これはどういう意味ですか」と質問された。それは新聞の見出し用に、短縮した漢字で書かれており、私も、「うーん」と考え込んでしまうものであった。その様子からこの夫人は、日経新聞もほとんど読みこなせているようであった。
　私はこの人に更に好奇心を持つに至り、少し迷惑かと思ったが、頃合いを見てもう一度話しかけてみた。

私「ペレストロイカ後のロシアについて、少し伺いたいのですが」
A「メチャクチャです。大混乱しています。マフィア、麻薬、汚職が横

行し、一部の人間だけが太って、多くの国民が疲弊しています。ペレストロイカ以前の方が、安定していて、人間味があり、余程生活しやすかったです。将来の予定も立てられたし希望も持てましたが、今はそれが出来ません」
私「そうですか。それは私の認識と大分かけ離れています。現在、ロシアの経済は上向きで、国民の生活も以前と比べると良くなりつつある、と言うのが私の認識ですが」
A「とんでもありません。良くなっているのは、ごく一部の人だけです」
私「そうすると、ペレストロイカを推進したゴルバチョフに対する評価は、余り良くないと言うことですか？」
A「その通りです」
私「ちょっと待って下さい。共産主義国家であったソ連は、経済的に行き詰まり、共産主義経済を放棄せざるを得なくなった。ゴルバチョフがペレストロイカを提言したのは、そういう時代背景があってのことでした。従ってゴルバチョフの判断は、正しかったのではないでしょうか」
A「私には詳しいことは判りません。ただ、ソ連は共産主義国とは言えませんでした。日本こそ理想的な社会主義国ではないでしょうか」

　私は全く予期しない返答に、返す言葉がなかった。「日本こそ理想的な社会主義国ではないか」という言葉を聞いたのは実は２度目である。一度目は、かれこれ30年も昔にさかのぼる頃であった。それも同じロシア人から。彼らは、ソ連を代表して日本に派遣されてきた青年達で、公には言えないがとしながらも「日本にこそ理想的な社会主義体制があった」と言っていたそうだ。この時の話は伝聞であったが、私の脳裏に強く印象づけられている。
　私の認識では、日本は資本主義経済であり、自由経済である。しかし最近幾つかの国を旅行して感ずることがあった。

(1)日本は、社会保障が行き届いている。勿論欲を言えばきりがない。例えば、日本には生活保護制度があって、乞食がいない。また国民皆保険制度で、全国民が医療の恩恵を受けられる。しかしおびただしい数の乞食や、病気になっても病院に行くことも出来ない人々が、放置されている国も現実にある。また日本は、義務教育制度があり、中学校までは皆教育を受けている。しかし、全く学校に行ってない児童が、相当の割合を占めている国も有り、それが識字率の低さに表れている。

　(2)日本は、貧富の差が少ない。これも程度問題で、最近日本でも盛んに格差問題が浮上している。しかし、発展途上国を旅行すると、日本とは全く次元が異なる格差を目の当たりにする。一握りの大富豪とおびただしい数の浮浪児。これでも同じ人間なのかと、ショックを受けている人もいた。20年ほど前のいわゆるバブル期に、日本人は総中流意識ということが言われていた。

　(3)日本の税制は、累進課税である。つまり、高所得者に高率の所得税、住民税等の税金が課される。そして一定の額を超えた相続財産に対しては、相続税が容赦なく課される。そのため大金持ちが育ちにくい。

　日本は共産主義革命を経験していないが、マルクスが思い描いていた社会主義社会に近いのかも知れない。逆に、共産主義革命を経はしたが、その実、言論の自由もない独裁国家でしかなかった国も存在した。

　かつて、歴史学者のアーノルド・トインビーがいった言葉が思い出される。それは、「将来世界は資本主義経済と社会主義経済との混合経済へと進むでしょう。そして同じ混合経済を見て、ある人はそれを社会主義と言い、またある人は、それを資本主義と言うでしょう。」

　これらのことを考えると、ロシア人が「日本こそ理想的な社会主義国である」と言ったことも、あながち突拍子もないと否定し去ることは、如何な物かと思えてくる。勿論冷静に学問的に、或いは統計的に分析した上での発言ではないことは考慮しても、彼らの実感から出た言葉であろうことを考えると、社会主義とは何ぞやと、もう一度考え直しても良いのかも知

れない。
　今でも、またこれからも、完璧な社会、つまり誰からも不満の声が出ない社会等は、あり得ないし考えられない。とすれば、案外、あの頃の日本は、最も理想に近い社会主義国家であった、と振り返るときが来るかも知れない。

（2008年5月）

3. 友人は、セルビア難民

　彼とは1年半前のカナダ旅行中に偶然、列車の中で隣り合わせになったことが縁で、以後交際が続いている。その時の状況から語り始めたら、少し長くなってしまうかも知れないが、挑戦してみよう。
　私は、モントリオール駅での乗り換えに手間取り（駅員の何とも理解できない対応のため、決して私の語学の問題ではないと思う）時間をかなりロスしてしまい、予約の列車に乗り損ねかねない状況にあった。半分諦めつつもホームに駆け込むと、列車は発車寸前、私が飛び乗ると同時に、何の合図もなく列車は動き出した。
　早朝6時台にも係わらず、私は汗びっしょりであった。自分の指定席を見つけて座ったら隣に彼がいたのである。
　それから約3時間、ケベックに到着するまで、いろいろ彼と語ることが出来た。
　その彼は、

1. オランダに住んでいる。
2. 17歳の時に内戦が理由で、セルビアから脱出してきた難民である。
3. 現在オランダにある日系企業の、ロジスティック部門で働いている。
4. 33歳の青年であるが、すでに10歳と8歳になる息子がいる。
5. 奥さんもセルビア人で同じ会社の従業員である。

そう言うことも有ってか、彼は日本に大変強い興味を持っている。近い将来自分の家の庭に、日本庭園を造ることが夢である、と言って、すでに、灯籠、提灯、ひしゃく等の物色を始めており、池や鯉、鹿脅し（ししおどし）の研究も進めているらしい。日本に来て、いわゆる古来の日本の風景、神社、仏閣を見て歩くことが、ことのほか気に入っているようであ

る。

　彼が昨年日本を訪問したとき、私は彼に2日間、東京見物（明治神宮、東京タワー、浅草仲店、隅田川クルーズ、浜離宮、皇居）と、江ノ島・鎌倉の散策に同伴した。私は東京まで何十年も通勤していたが、明治神宮や、隅田川クルーズは初めてであった。
　そして江ノ島も、初めての訪問であり、鎌倉は1、2度行ったことがあるが、大仏を始め多くのお寺は初めての訪問であった。

　今回も2日間同行した。1日目は、高尾山とお台場のレインボーブリッジ。2日目は、御嶽山と新宿の紀伊國屋書店。高尾山は若い頃、良く歩いたが、頂上付近にある昔の同僚が経営する茶店を訪ねたのは、初めてであった。お台場に行くことも初めてで、レインボーブリッジに遊歩道があって歩けることは知らなかった。
　御嶽山も初めてケーブルカーで登った。オランダ人が日本へ来て、どうしてこんな所へ行きたがるのか判らないが、行ってみると日本人の数に比べて、外国人の数が多いことに気が付いた。外国人向けの東京案内には、御嶽山が取り上げられているのかも知れない。
　紀伊國屋書店に行ったのは、彼が、日本語を勉強するにあたり、適当な教材、参考書が欲しいと言うからである。行ってみると、彼のように日本語を勉強したい人向けの教材、参考書が沢山あることが判った。そして多くの外国人がその様な本を求めて、次々に来ていた。彼と歩くことで、普段は気付かない、外国人の目から見た日本について、知ることが多い。この様に、自分が案内すると言うよりも、一緒に訪ね歩くと言った方が良いかも知れない。
　言葉について言うなら、彼は、セルビア語、ロシア語、オランダ語、英語を操る。セルビア語は、ネイティブ。ロシア語は、学校で学んだ。オランダ語は通常の仕事で使い、英語はEU内の社員が集まる会議で使うと言うことだ。職場のロジスティック部門にいると、西欧、東欧の様々な国から、集配業務のトラックが出入りする。そんな時、運転手達と会話までは

出来なくとも、何を言っているか位は理解できることが多いので、彼はすぐに駆り出されるらしい。この調子だと日本語の習得も、さほど遠くはないかも知れない。

前記の通り、彼は難民としてオランダに逃げてきている。今日に至るまで様々な苦労があったようだ。現在は、オランダの国籍を取得し、二重国籍になっているから、世界中どこへ行くのも問題ないようであるが、セルビアへ帰国するときは、気を遣うという。それは、セルビアには徴兵制度があって、彼はそれを忌避しているとみなされるらしい。しかしこの義務も34歳までだから、あと一年経ったら心配なくなると言う。

次にロシアの話になった時の彼（ネストル君）の反応を紹介しよう。

ネストル「モスクワの地下鉄の駅は大変素晴らしく、美しく豪華である。しかも1つ、2つではなく、全部の駅がそうである」

私「ロシアの件で一つ聞きたいことがある。先日トルコへ観光に行くときに乗った、アエロフロート機内で隣り合わせたロシア人の女性が、"ソビエト崩壊後のロシアの国内情勢はひどく混乱している。マフィア、汚職、ドラッグ等が横行し、一部の人だけが金儲けしていて、庶民の生活は悪化している"と言っていたが」

ネストル「マフィアの問題はどの国にも存在しており、大きい国であればあるほど、大きく影響している。例えばアメリカだが、9.11後、アフガニスタンを攻撃し、イラクを攻撃した。この背後にマフィアの存在があることは、疑いの余地のないところではないか。ことほど左様にマフィアはロシアだけの問題ではない。ソビエト崩壊後の田舎の暮らしは、さほど変化がないが、都会の暮らしは混乱しながらも上昇しつつあると思う。そして特にプーチン大統領は聡明である。ロシアの経済は急速に発展して行くであろう」

と言って、ロシアに対しては驚くほど好意的であった。

ソビエト崩壊後のロシア社会をどのように感じ、見ているか人それぞれ

異なることを知ることとなった。
　そして彼は、アメリカに対しては非常に厳しく、嫌悪感さえ抱いているようである。

　　ネストル「だいたい、アメリカは、言っている事と、やっている事が全く違う。人権問題、利権問題、環境問題等、色々なところでそれは言える。第2次世界大戦終了時に、広島、長崎に原子爆弾を投下して、十万人余の非戦闘員を殺したことも、人道上から考えれば、言語道断である」

　彼の宗教はキリスト教であるが、カソリックでも、プロテスタントでもなく、オーソドックス（ギリシャ正教）だという。そしてキリスト教、イスラム教は平和を唱えながら戦争ばかりしていると嘆いていた。
　セルビア経済は立ち後れていて、国民所得、物価はEUの10分の1位である。最近では冬になると、EUの国々から多くの人々が、セルビアへ家族でスキーや雪遊びにやってくる。その方が大変安価に遊べるから。
　彼は「セルビアから色々なものを輸入して、EU内で売りさばく輸入業を立ち上げたい。数年前、一度始めたが、セルビアの政権が変わった為、続行が困難になり、中止に追い込まれた事がある。セルビアがEUに加盟すると、物価が急速に上昇するので、それまでの間がチャンスだ」と考えている。たくましいセルビア難民である。
　拡大し続けるEUへの流れ、つまり共産主義体制から資本主義体制への移行は、資本論ではどのように位置づけられるのであろうか。ソ連流の共産主義化は、資本論で説く過程とは異なる試みであったとは言え、少なくとも、共産主義社会化への1つの実験は、失敗に終わったと見て良いであろう。

（2008年6月）

4. マルクス再評価

　今日、アメリカのサブプライム問題、それに続く原油、食料の価格高騰等、資本主義体制側の経済がコントロール不能状態となっている。加えて日本では、多額の借金にあえいで国家が立ち往生している。医療、年金等の社会保障に問題が生じつつあるにも拘わらず、無責任きわまりない役人達は無駄遣いのし放題、そして問題の先送りと、その場しのぎを繰り返している。

　時が時なら、暴動が起きても不思議ではない状態である。ソ連が崩壊したときは、マルクスの「マ」の字も出てこなかったが、またぞろマルクスの再評価ムードが高まりつつあるようだ。私はここで、マルクス賛成派から２人、マルクス反対派から２人の言葉を紹介しながら自分の考えを述べてみたい。

　①この様な時、タイムリーに出版されたのが、神奈川大学経済学部教授の的場昭弘氏による『超訳資本論』（祥伝社新書）である。
　この本の「おすすめコメント」に次のようにある。

　「いまこそ読むべき『資本論』。教育を受けた若者が、定職もなく街にあふれ、庶民のなけなしの預金は減る一方。景気が伸びても、給料は上がらず、物価だけ上がった。悲しいかな、これが、資本主義の本当の顔である。『資本論』をいったん遠くに放り投げた日本人は、いま再び拾い上げ、ページを開く必要に迫られている。
　この書には、剝き出しの資本主義が、驚くべき洞察で描かれている。資本主義の実態は、21世紀になっても何ら変わっていない。今回、待望の『資本論』第１巻の超訳をお届けする。どうか、大著のエッセンスを味わってほしい」

早速手にとって読ませて頂いた。私の感想は以下の通りである。
　私がこんな言い方をするのは失礼かも知れないが、的場氏は良く資本論を消化されている。
　従って、全体として読みやすく、資本論研究の入門として、或いは一通り勉強した人のまとめとして有効であると思う。
　的場氏がこの著書で言いたかったことは、「これまでに出現した社会主義国家は、失敗に終わってしまったが、その原因は、マルクスが説いたのとは異なる過程を経て、つまり資本主義が高度に発展する過程を経ずに、いわば、無理矢理実現した社会であるからだ。従って、マルクスの論理が否定されたわけではない。資本論に誤りがあったわけではない。資本論は生きている。今こそ読まれるべきである」と言うことのようだ。
　しかし、一方に置いて、「資本論第24章には、飛躍があった。マルクスに時間がなかったのだろう」と認めている。たとえ一カ所であるといえども、資本論の欠陥を指摘されたのは、貴重なことである。そして、この資本論第24章の飛躍の部分を検証し、結論として「共産主義への必然性はなかった」事を証明したのが本書後編の「資本論分析」である。

　②プロレタリア文学の代表的な作家、小林多喜二著の『蟹工船』がベストセラーになって、共産党員が増加していると新聞の記事にある。私は蟹工船を読んだことがなかったので読んでみた。
　カムサツカ（カムチャッカ）の海で、地獄のような蟹工船のなかで、自分の労働力以外には売る物を持たないプロレタリアートが働かされている。一人の資本家の為に、絞れるだけ絞られ、搾取されてゆく光景が見事に、鮮やかに描かれていた。
　これは資本論で言うなら、「いわゆる本源的蓄積」が完了して、「資本主義的蓄積」が始まった頃の光景である。
　翻って昨今の日本経済は、1990年にバブルが崩壊した後、企業の倒産、社員のリストラ、就職難と、瞬く間に悪化の一途をたどった。企業は経費削減の一環として、容赦なく人件費の削減に走った。その結果、多くの有

為な人材が、仕事にあぶれ、運良く仕事にありつけても、非正規雇用者として安い賃金で雇われざるを得なくなっている。働けど働けど、その日の生活が精一杯の為、いっこうに楽にならない、いわゆる「ワーキングプア」「ネットカフェ難民」なる言葉まで出来てしまった。この状態が蟹工船に描かれている状況を想起させていると思われる。

　③哲学者の池田晶子氏は、『14歳からの哲学－理想と現実』(トランスビュー)の中で、次のように指摘している。

　「20世紀の社会主義、それは見事に失敗した。多くの人がその実現に向けて努力したけれども、努力すればするほど、それはより現実離れした理想となって現実化した。
　だから理想を現実にすることは不可能なんだと、失敗した理由として人は言うけど、本当の理由はそうではない。目に見える現実だけを見て、目に見えない観念を見なかったからだ」
　「現実を動かしているのは観念なんだから、観念が変わらなければ現実は変わらない。『よりよい社会で、よりよく生きる』と言う観念が、本当はどういうことなのか自分で判断していない人々が、集団になって、徒党を組んで、自分が良くなろうともせずに社会を変えようとしていたのだから、そんな社会は実現しても、前と何にも変わらないのは当然じゃないだろうか」

ここで氏が「目に見える現実」と言っているのは、「政治経済体制」であり、「目に見えない観念」とは、「物欲、権力欲等の欲望に支配されやすい我々人間の心」の事であろう。
　つまり強欲なだけの人間集団が、各人の義務も果たさずに権利だけを主張するようなら、社会体制を変えてみたところで、今度は権力者が変わるだけで、理想とはほど遠い社会しか実現しないであろうということだ。現実には一人の独裁者の為に、言論の自由もなくなっていたのだ。

④私の好きな、山本夏彦氏の随筆集『最後の波の音』(文藝春秋)の中に、次のような一文がある。氏の若い頃は、

「社会主義の全盛期で、図書館に行って社会主義の本を堆く重ね、あけて見たがすぐ閉じた。いずれも日本語ではなかったから読めないし、また読むに値しないと閉じたのである、読まなくても分かるのである。私に要約させれば、私有財産は盗みである、奪って大衆に公平に分配するのは正義である。資本主義には正義はない。つまりは『欲』であると私は察した。

　貧しい大衆を扇動して革命をおこし、成功したら今度は自分が独裁者になる番で、それにはライバルである同志を殺さなければならぬ、スターリンはプレハノフ、ラデック、ブハーリン、ことにトロッキーを草の根分けても殺さなければならない、めでたく覇者になったら王侯貴族のしたことをする。百年もするとまた革命がおこる(それで人類は健康を保ってきた、健康とはイヤなものだ)、これだけのことを岩波の翻訳用語で何十冊何百冊も書いてある」

　ここで氏が「日本語ではなかったから読めない」と言っているのは、「翻訳がこなれておらず日本語になっていないから読めない」の意味であろう。また「読むに値しない」と言うのも極端だと思うが、氏の要約は的を射ているから面白い。
　この期に及んで私は、マルクスを学び直すことに異を唱える者ではない。
　ただ、短絡的に資本主義がダメなら共産主義だ。と民衆の心が大きく振れてしまうことを心配している。共産主義は共産主義で、いかに難しい問題点を孕んでいるか我々は見てきたばかりである。
　マルクスは資本主義社会の矛盾を指摘して、恐慌への必然性を説いた。しかしだからといって共産主義への必然性を説いたことにはならないし、その青写真も示してはいない。少なくとも私の検証では、「共産主義への

必然性はなかった」。

　資本家が欲望のままに事を進めたら、やがて恐慌へとの道筋は何度か経験している。しかし同時に、我々は歴史的経験から、労働者が団結し、互いの権利と義務のバランスを取ることも学んできたはずだ。その時経済は必ずしも恐慌へとは向かわず、安定した社会が実現している。

　昨今の日本の、或いはアメリカの経済的混乱の主原因は、政府及び中央官庁の舵取りに問題があると思う。つまり、バブル経済を見過ごして、さらに助長させたあげくの崩壊である。この過程は日本もアメリカも全く同じではなかろうか。

　政府と言い、中央官庁と言い、其処にいるのは優秀な人間のはずである。確かに人間誰しも間違いはある。よかれと思ってやったことが結果、失敗に終わった事は、個人、組織、社会、国家の如何を問わずいくらでもあったし、これからもあり得る。それは、例え共産主義社会になっても同じ事が言える。失敗したとき、どちらがより被害は小さいのだろうか？

　資本主義社会は、欲望のままコントロールが不可能になると恐慌に陥り、かといって、共産主義革命を起こすと独裁国家に陥り、恐怖政治が待っている。ならば人間の欲望を如何にコントロールするか、その知恵を出し合う方が大事な問題かも知れない。その1つの例として、ある人は「小さな政府」を、またある人は「混合経済」を提唱している。

　中央の各省庁が、国益ならぬ省益ばかりにしがみついて、予算のぶんどり合戦に明け暮れ、縄張り争い、既得権の死守、天下り、贈収賄汚職ばかりが露呈されて、コスト意識や、節約の意識が働かなくなれば、どんな体制にしても結果は見えている。

（2008年7月）

5.『地球最後のオイルショック』を読んで

大変ショッキングな本が出たものだ。デイヴィッド・ストローン著『地球最後のオイルショック（The Last Oil Shock）』（高遠裕子訳、新潮社）本の裏表紙には次のように書かれている。

「マイカーを手放し、ジェット機に乗れない日を、想像できますか？
2010年代、世界の石油は枯渇に向かいはじめ、もう二度と増産はできない。ピーク・アウトを超して何の対策も講じなければ、その衝撃はサブプライム問題の比ではない。世界中で株価は暴落し、物価は高騰し、失業者は激増、アメリカ型経済モデルは崩壊するだろう。豊富な資料と、世界の石油関係者170名あまりの取材をもとに書いた衝撃のレポート」

そして、「訳者あとがき」には以下の文章が掲載されている。

「この原稿を書いている2008年4月末現在、事態は、著者デイヴィッド・ストローンが予想したとおりの方向に進んでいる。原油価格は高止まりし、天然ガスや石炭の価格は急騰している。アメリカでは、燃料費高騰に後押しされる形で、大手航空会社2社が合併を発表した。トウモロコシなどの穀物は、燃料との奪い合いで価格が高騰し、世界的な食糧危機が懸念されている。すでにラスト・オイルショックは起こりはじめているのだろうか。
原油は今年に入り、1バレル＝100ドルの歴史的な大台を突破した。その後も大きく値崩れすることなく高止まりしている。1バレル＝50ドル台で推移していたのは、ほんの3年前のことである。いったい、原油に何が起きているのか？

現在の価格高騰の要因としてメディアでよく挙げられるのが、原油市場への投機資金の流入である。だがそもそも、原油価格が当面高値で推移するとの『見通し』がなければ、投機資金も流入しないはずである。では、そうした見通しを支えている根拠は何なのか？　そのひとつに、『ピーク・オイル』論があると言われている。
　ピーク・オイルとは、世界の原油生産がピーク・アウトし、伸び続ける需要に追いつかなくなる現象をさす。『枯渇』とはちがって、原油が完全になくなるわけではなく、埋蔵量の半分が生産された段階でおこる。もともとは、シェルの地質学者であったマリオン・キング・ハバートが、1956年にアメリカの石油生産のピークをほぼぴたりと予想したことで注目された考え方だが、その後、新たな油田が発見されて原油埋蔵量が増え続けたことから、長らく忘れ去られていた。が、ここ数年、新興国を中心に需要が旺盛な伸びを示すなかで、供給不安を想起させる事態が相次いだため再び注目を集めるようになった」

　石油がやがて枯渇するだろうことは、漠然と感じてはいた。只それは遠い将来であり、自分の人生には関係がなかろう、位の認識であった。それが如何に浅はかな認識であったか、後ろから思い切り頭を殴られたような、ショックを覚えずにはいられない。
　この書で論じられているのは「ピーク・オイル」の概念であり、「枯渇」とは違う。確かに世界の石油が「枯渇」するのは、つまり、一滴もなくなるのは40年ほど先の話かも知れないが、ピーク・オイルは、もう目の前に迫っていると言うのである。その時、世界経済が受けるショックはどのようなものになるのか？　そのショックを少しでも和らげるには、何をしなければならないのかが論じられているのである。
　マルクスが資本論を書いていた頃の社会では、産業革命が始まったばかりで、石油、石炭等の地下資源が有限なものとの認識は全くなかったし、今日ほど世界中が石油に依存した社会でもなかった。したがって、オイル問題は、資本論では全く触れられていないテーマである。その後、近代産

業の発達と、人口の幾何級数的増加に伴い、世界の石油の消費量は、おびただしい量になり、気が付いたら石油なしでは一日も暮らせない社会に変貌していた。

　これは、「資本主義だ、共産主義だ」と言っている場合ではない。「剰余価値だ、搾取だ」の話も、ピーク・オイルを目前にしてはほとんど色あせて、陳腐な議論にしか聞こえない。全く次元を異にする問題である。共産主義なら、石油がなくならないと言うこともないし、共産主義なら、石油が必要ないと言うこともないからである。実は、資本の運動論から「生産、販売、分配」のそれぞれの部門を検討してみると、資本主義と共産主義との相違は、案外少なく、むしろ共通する部分の方が多いことに気が付くのである。

　私は、近い将来、共産主義、資本主義というテーマよりもっと大きな問題が出現して来るのではないかと感じていた。それが地球温暖化の問題なのか、水不足の問題なのか、人口爆発の問題なのか、いずれも大きな問題で、的を絞りきれないでいたが、より間近に、より具体的に、石油問題が出現したと言っても良いのではなかろうか。

　石油の産出量が消費量より少なくなって、石油が不足するようになった時、衝撃が少ないのは、石油に頼らない生活をしている人々だけである。現在ではほとんど考えられないが、自給自足の生活をしていて、近代産業の恩恵を受けていない人々である。

　マルクスの資本論は、20世紀のテーマとしては一定の意義があったと思うが、もはや、21世紀のテーマではないように思われる。既に遅きに失しているかも知れないが、政治的にも、経済的にも、一時も早く「ピーク・オイル」問題に正面から取り組むことが迫られている。

（2008 年 8 月）

6. 映画「慕情」より

　英語のリスニングの練習中に、学生時代に仙台の小さな映画館で鑑賞した「慕情」を思い出し、もう一度見たいと思ってＤＶＤを借りてきた。

　香港の美しい情景と、甘美な音楽を背景に物語は進む。セリフは、思っていたよりも聞き取れるのだが、100％ではない。そこで「慕情のシナリオ」がどこかにないかと、ネットで検索してみたが見あたらなかった。それで字幕セリフの全文書き取りを試みた。英会話の勉強にもなると思ったからである。

　さらに、ネットで検索しているうちに、原作の小説 "A Many-Sprendored Thing" があることが判った。（ハン・スーイン著『慕情』、深町真理子訳、角川文庫）

　しかし如何せん出版が古く（1970年）、手に入れることが困難であることも判明。「駄目もと」と思って図書館に依頼したら、地元の千葉県ではなく、隣の埼玉県から取り寄せて頂いた。感謝多々である。

　そしてこの映画は、著者、ハン・スーイン（中国人の父とベルギー人の母を持つ、混血のユーレイシア人医者。国民党将軍の夫を共産党に殺された未亡人）の自伝的小説を映画化したものであることも判った。

　映画は、彼女とマーク・エリオット（北京生まれでイギリス人の新聞記者。妻とは別居中）との悲恋を中心に描かれており、小説もその通りなのだが、小説には、映画では取り上げられていない内容が沢山あり、こちらもすっかり引き込まれてしまった。出版当時、ベストセラーであったと言うが、さもありなんと思う。

　この物語は、第二次世界大戦終了後の混乱期（1949〜50年）が、時代背景となっている。中国の共産主義革命と香港への難民流入、そして朝鮮戦争の勃発。

　ハン・スーインがあるパーティでマークに出会ったのが1949年3月で、

マークが朝鮮戦争の従軍記者として、従軍中に死亡したのが1950年8月であったから二人の交際は、ほんの1年半の間であった。しかも中国人民共和国が北京で建国を宣言したのが1949年10月1日であったことを考えると、この物語は激動の中国が背景になっている事が良くわかるのである。

　国民党の腐敗堕落が共産党勝利の背景にあった事は確かだが、ひとたび共産党が権力を握ると、今度は共産党が、国民を圧迫し始めた。自分たちの権力を維持する為に、反対する者達を粛正した。その数は数千万人にも昇ると言われているが、正確なことは、ようとして知ることは出来ない。この点はソビエトの共産主義革命においても同様であった。

　映画を観て美女のハン・スーインに魅力を覚えたのは言うまでもないが、それは彼女の外観からだけではない。考え方もしっかりしていて確かなのである。中国の共産主義革命の最中にあって、彼女はその革命に疑問を抱いているのである。それは、毎日おびただしい数の難民が大陸中国から香港へ流れてくるのを見て、「そんなに良い革命なら、何故こんなに難民があふれ出てくるのか」と。

　香港の病院で働いている同僚の医者から、愛国心に訴えながら「あなたも非国民と言われたくなければ、国へ帰って祖国のために尽くすべきではないか」と説得されるのだが、疑問を感じてその説得には応じないのである。

　激動の渦中に身を置いている人が、今社会はどこに向かって流れているのかを読み切ることの難しさは歴史が教えてくれる。日本の太平洋戦争突入しかり、ヒトラーの政権奪取からホロコーストに至るまでもしかり。ヒトラーがオーストリアに侵攻したとき、オーストリアの大衆は小旗を振って歓迎したという。

　大衆は巧妙な宣伝や、いわゆる大本営発表にいとも簡単にだまされ、洗脳されていく。ウソ、欺瞞、粉飾を見抜けないのである。過去を振り返って云々することは誰にでもできる。しかし時代の渦中にあって的確な判断を下すことが如何に難しいことなのか。それだけに事に当たっては、我々

は慎重であるべきであろう。

　「目的のためには手段を選ばない」式の考えが案外まかり通っているのだが、私はこの考えには反対である。その手の改革、革命で、民衆を幸福にした歴史を私は知らない。

　マルクスは、共産主義社会が労働者にとって、平和と、平等と、豊かさを保証する理想的な社会になると確信し、極めて人道的な考えから、資本主義の本源的矛盾をえぐり出すようにして資本論を執筆し、革命思想を打ち立てたことは間違いない。しかし結果はご覧の通り。単に権力者が取って代わっただけの、いや更に悲惨な社会が待ち受けていたのである。どんなに熟慮したつもりでもし過ぎることはない。

　革命に行き過ぎは付き物のようであるが、結果として、それだけの命を犠牲にしてまで断行するほどの価値があったのだろうか、と静かに問い直してみると、首をかしげざるを得ないのではなかろうか。中国もそしてソ連も、——長い時間と多くの犠牲者を要して——その壮大なる実験を終了させつつあるようだ。

　その後、ハン・スーインは中国には帰らず、シンガポールで生涯を過ごしたそうだ。

（2008年9月）

7. サブプライム・ローン

どうしてこんなに株価が下がっているの？　サブプライム・ローンだ、デリバティブだ、ヘッジファンドだとか言っているけれど、みんな頭のいい人が考えた理論ではないの？

それはそうだけど、どんなに良い理論があっても、それを使っているのは人間だからな。人間には欲があるから。貪欲と言う欲望だ。欲望には貪欲、食欲、性欲、権力欲、名誉欲等とあって、貪欲は人間の本能の1つだから、貪欲のない人間はいないのだけれど、その貪欲が優れた人の考えた理論より勝ってしまうのさ。

人間は誰でも何かの欲望に突き動かされて生きている、と言ってもいいと思うのだけれど、その欲望が程々にコントロール出来なくなったときに、事故が起こる。それは、個人的な問題であることもあれば、家族的な問題であることもあれば、今回のように国家的、世界的になることもある。

人間はいつも欲望という難しい問題を抱えて生きている。食欲という欲望がなくなったら、人間は死ぬしか無いし、また、欲望があるから社会は発展もしてきたのだが、それを上手にコントロールすることは非常に難しい。

最低限のルールとして、人間は法律を作って、行き過ぎがないようにコントロールしているつもりなのだが、頭のいい人が法律すれすれの理論を考えてしまう。考えた人は、善意だったかも知れないが、その理論を使う人は必ずしも聖人ばかりではない。欲望を持った人間だ。

日本は、20年前にも自らのバブル崩壊を演じて塗炭の苦しみを味わい、やっと立ち直ってきたと思ったら、今度はアメリカ発のバブル崩壊に巻き込まれてしまった。今回のアメリカのバブル崩壊を数年前から予測していた、ある著名な経済学者は、ヨーロッパや日本の経済は安泰であると言っ

ていた。これは予測が如何に難しいかの例であり、また経済がワールドワイドに広がり、国境が無くなっていることの証左でもある。

　私の知人の一人に、元トレーダーであったイギリス人がいる。彼は今でも私財で株や債券の売買をしている。その彼もアメリカのバブル崩壊は近いと言い、投資資金をアメリカから中国やインドへ移動させていた。そしてそれらのアジアの株も十分高くなって来たので売却し、「さて次はどこに投資したらよいかな、どこも高くなりすぎていて、適当なところが見あたらない」と言っていた矢先であった。結果として、彼のつぶやきは的を射ていたわけだ。その彼も今回のようなバブル崩壊の経験は初めてであると驚いている。

　さて、株を持ったままパニックに陥っている人も少なくないと思うが、どうしたらいいのであろう。

　私は、「ただいま気流の悪いところを飛行中のため、飛行機は少々揺れておりますが、飛行には影響がございませんのでご安心下さい。お手洗いのご使用は、お控えいただき、もう一度シートベルトをしっかりとおしめ下さい」という機内放送を思い浮かべる。

　株を買うと言うことは飛行機に乗ったと言うことであり、目的地に着くまでは途中下車は出来ない。エアーポケットにはまったり、乱気流に遭遇したりして、墜落するのではないかという恐怖に陥ることもあるが、スチュワーデスの落ち着いたアナウンスを信じて、じっと我慢している。墜落することは滅多にないが、可能性がゼロではない。その時は運が悪かったと諦めるしかあるまい。

　「サブプライム・ローン」とは、プライムローンに対して、サブプライム（sub- 下に　prime- 優れた→信用度の低い）ローンと呼ぶ。所得の低い人やクレジットカードで返済延滞を繰り返す人など、いわゆる信用力の低い個人を対象とした住宅ローンのこと。通常の住宅ローンに比べて金利が高く設定されている分、審査基準は緩くなっている。

　こういう信用力の低い人に貸し付けること自体、始めから、やがて行き詰まる事は当然予測できたことである。日本のバブルの時も、不動産さえ

あれば、担保価値の120％ぐらいまで貸し付けたという。構造は全く同じだ。

金融工学で理論武装されていたかに見えたアメリカ経済が崩壊に向かっている。金融派生商品、ヘッジファンドは、数理経済を駆使して儲ける話であった。また、サブプライム・ローンは、最初からおかしな商品で、金融業者と借り手が騙し騙され、「今がハッピーならいいや、将来のことなど知るものか」と暴走した結果に崩壊した。

これは犯罪ではないのかとの質問に、元トレーダー氏は「違法ではないが、法律すれすれだ」と言う。多額のローンを融資する金融機関は、返済不能に陥った時のためにいくらかの保証金を積ませて、保証する。その金融機関を同様に別の金融機関が保証する。これで絶対心配ないと暴走した。

確かに、右肩上がりの経済が続いている間（これが理論の前提条件）は、問題は表面化しなかった。が実体の伴わないバブルがいつまでも続く訳がなかった。ひとたび破裂した風船は、圧力がゼロになるまで萎むしかない。アメリカのサブプライム・ローンに端を発した世界の金融混乱は、起こるべくして起きている。

こんな事になるとは予想もしなかったのか、予想できていたのに当座の儲け話に目がくらんでいたのか。どちらにしても、人間は（もちろん私も含めて）そんなに立派な生き物ではない、と言うことではないだろうか。妙楽大師は、人間を指して「才能ある畜生」と言ったそうであるが、確かにその程度かも知れない。欲望を満足させるためにはどんなことでもする。1つの欲望が満たされると、すぐ次の欲望が沸いてきて止まることを知らない。

経済の分野において様々な理論が展開されてきたが、マルクス経済学にしろ、近代経済学にしろ、現実が理論通りに進んでいったと言うことは未だ無かった。それは正に経済学が人間の欲望を計算に入れないで構築されているからだと思う。あたかも、性善説を自明の事として理論が構築されているかのようである。どんなに緻密な理論を構築しようとも、人間の本

能とも言える欲望を考慮しなければ、それは現実離れした理論でしかあるまい。

　今回の金融混乱は今後、恐慌に至り、その後、共産主義革命に進むのだろうか？　1929年の大恐慌の時は、共産主義革命には至らなかった。マルクスの理論では、1929年のアメリカの大恐慌の時に共産主義革命が起こって良かったのに、そこでは革命は起きずに、現実には資本主義が発達したとは言えないロシアで、1917年に共産主義革命が起きている。しかし、ソ連の共産主義社会は1991年に崩壊した。

　共産主義社会は、搾取のない、平等で皆が豊かな社会、と言う理想を掲げて出発したことは間違いないと思うが、現実は、そう甘くはなかった。陰湿な権力闘争と、一党独裁による言論弾圧のもとで多くの人が犠牲になり、悪平等と官僚主義が蔓延し、とうとう経済も立ち行かなくなってしまった。どちらにしても、人間の愚かさ、欲深さを考慮に入れない性善説が理論の前提となっていた所に、大きな見込み違いがあったと考えざるを得ない。

　先の、元トレーダー氏は、今年はウォールストリート（Wall Street）が混乱しているが、来年になると、メインストリート（Main Street）が混乱するだろうと言う。

　これは、証券経済が実体経済に及ぼす影響について言っているのだが、マルクスは資本論の中で、次のように言っている。

　「これらの証券（国債や株式）の減価が、生産や鉄道・運河交通の現実の休止とか、着手した企業の中止とか、実際に無価値な企業への資本の投げ捨てとかを表すものでなかった限り、この国（イギリス）は、このような名目的な貨幣資本のシャボン玉の破裂（the bursting of this soap bubble）によっては一文も貧しくはならなかったのである」（第3巻、第29章）

つまり、証券経済の混乱が、必ずしも実体経済の混乱に直結しているわ

けではないと。マルクスの時代は、今と比べたら、まだノンビリしていたと言えるかも知れない。しかし、マルクスも「バブルの崩壊」を（シャボン玉の破裂）と表現していたことに、不思議な親近感を抱くのは私だけであろうか？

　2008年10月18日付の読売新聞に、特別編集委員の橋本五郎氏が次のように書かれていた。

　「底知れぬ米国発の金融危機を目の当たりにして、経済史家、大塚久雄の警世の予言を、またしても思い出した。『企業や資本主義が倫理的であり続けることは難しいが、倫理を喪失した企業や資本主義は崩壊する』と。全く同感である」

　倫理的であること、即ち欲望をコントロールすることが先決課題である。これが出来なければどんな理論、どんな制度を構築しても結局は元の木阿弥になるであろう。しかし、これは難問だよ！！

（2008年10月）

8. 資本論に見る「恐慌論」

バラク・オバマ氏がアメリカ合衆国の次期大統領に決定した（2008年11月）。誰がなっても大変なときではあるが、オバマ氏は、何かしら期待させるモノを持っているように感じるのは、私だけであろうか。

サブプライム・ローンに端を発した金融危機は瞬く間に世界を覆い、先行きの不透明感は日を追って大きくなるばかりである。こんな時にマルクスの資本論を眺めてみるのも悪くないと思う。

マルクスは資本論の中で「恐慌」に付いて、どのように言及しているであろうか。

マルクス（1818〜83）が生きた時代、恐慌は、次のように規則正しく、ほぼ10年置きに勃発していた。

1825年　　1837年　　1847年　　1857年　　1867年　　1877年

したがって、資本論では「恐慌」について度々言及されている。（多くはCrisis、時々Panicの単語を使用）まるで資本論の別名を、「恐慌論」といってもよいくらいである。

その中から目に付いた箇所を、幾つかピックアップしてみよう。

資本論からの抜粋は、大月書店発行の大内兵衛、細川嘉六監訳による。

＜第1巻より＞
1. 資本主義は内部に矛盾や対立を抱えているので、ある点まで進めば必ず暴力的に統一されるときが来る。それは労働過程の無理やりの中断、即ち恐慌である。
2. 恐慌の時は生産が中断されて、短時間しか作業が行われないのであるが、作業時間が少なければ少ないほど、なされた仕事についての利

得は大きくなければならない。

　3．アメリカの南北戦争（1861 年～ 65 年）に伴って起きた綿業恐慌の時のあるレポート：恐慌は色々な利点もある。労働婦人達は子供に乳を与えたり、料理を覚えたりする時間が出来た。不幸なことには、この料理術は、彼女たちの食い物がないときに現れた。又、恐慌は、特別な学校で労働者の娘達に裁縫を教えるためにも利用された。

　4．綿業恐慌中の急速な機械改良は、イギリスの工場主達に、アメリカの南北戦争が終わるとたちまちのうちにまたもや世界市場をあふれさせることを許した。

　5．綿業恐慌が労働者の上に押しつけた「一時的な」困窮は、機械の急激でしかも持続的な進歩によって、強められ固定化された。

　6．工場制度の巨大な突発的な拡張可能性と、その世界市場への依存性とは、必然的に、熱病的な生産とそれに続く市場の過充とを生み出し、市場が収縮すれば麻痺状態が現れる。産業の生活は、中位の活況、繁栄、過剰生産、恐慌、停滞という諸時期の一系列に転化する。

＜第 2 巻より＞
　7．恐慌はいつでも大きな新投資の出発点をなしている。したがってまた、社会全体としてみれば、多かれ少なかれ、次の回転循環のための、1 つの新たな物質的基礎をなすのである。

　8．一方の側での多数の買い、他方の側での多数の売りが行われる限り、均衡は（この生産の自然発生的な形態の元では）それ自身 1 つの偶然なのだから、恐慌の可能性に、一変するのである。

＜第 3 巻より＞
　9．対立する諸作用の衝突は、周期的に恐慌にはけ口を求める。恐慌は、常に、ただ既存の諸矛盾の一般的な暴力的な解決でしかなく、攪乱された均衡を一瞬間回復する暴力的な爆発でしかない。

　10．恐慌がまず出現し爆発するのは、直接的消費に関係する小売業で

はなく、卸売業や、それに社会の貨幣資本を用立てる、銀行業の部面だという恐慌現象が生ずる。

11. 恐慌が現れるのは、遠方に売る商人（または国内でも滞貨を抱え込んでいる商人）の還流が遅くなり、まばらになって、銀行に支払いを迫られ、仕入れた商品はまだ売れていないのに、その為に振り出した手形は満期になるというときである。

12. 信用制度は生産力の物質的発展と、世界市場の形成とを促進するのであるが、これらのものを新たな生産形態の物質的基礎として、ある程度の高さに達するまで作り上げるということは、資本主義的生産様式の歴史的任務なのである。それと同時に信用は、この矛盾の暴力的爆発、恐慌を促進し、したがってまた古い生産様式の解体の諸要素を促進するのである。

13. 恐慌期には事態は繁栄期と反対になる。第1の流通（損益計算書に現れる数字）は収縮し、物価は下がり、労賃も下がる。就業労働者の数は制限され、取引の量は減少する。これに反して、第2の流通（資本の移転。資本家どうしの間だけで必要な流通。貸借対照表に現れる数字）では、信用の減退につれて、貨幣融通に対する要求が増大する。

14. 恐慌中は信用が完全に崩壊してしまい、商品や有価証券が売れなくなっているだけではなく、手形も割引できなくなっていて、もはや現金支払いの他には何も通用しない。銀行券を手に入れようとする激しい競争は、恐慌期を特徴づける。

15. 1847年の恐慌の主な原因の1つは、市場の非常な供給過剰と、対東インド商品取引での無際限な詐欺的思惑だった。

16. 恐慌時に借金をするのは、ただ支払いをするためでしかなく、既に背負っている債務を果たすためでしかない。これに反して、恐慌の後の回復期には、貸付資本が要求されるのは、買うためであり、そして貨幣資本を生産資本や産業資本に転化させるためである。そして、その場合には貸付資本は産業資本家かまたは商人によって要求される。産業資本家はそれを生産手段や労働力に投ずる。

17. 銀行の信用が動揺していない限り、銀行は信用貨幣を増やすことによって恐慌を緩和し、信用貨幣を引き上げることによっては、かえって恐慌を助長する。

18. 恐慌がすることは、それが国際収支と貿易収支との差を短い期間に圧縮するということである。……まず貴金属が送り出される。次には委託商品の投げ売りが始まる。利子率は上がり、信用は解約を予告され、有価証券は下落し、外国有価証券は投げ売りされ、この減価した有価証券への投下に外国資本が引き寄せられ、最後に破産がやってきてそれが大量の債権を清算してしまう。

19. 恐慌の後の沈静期には流通高は最も少なく、需要が復活するにつれて流通手段に対する需要も大きくなり、繁栄が進むにつれてますます大きくなる。流通手段の量は過度の緊張や、過度の投機の時期には頂点に達する。そこで恐慌が突発して、昨日まではあんなに豊富だった銀行券が、一夜のうちに市場から姿を消してしまって、それと共に、手形を割り引く人も、有価証券に前貸しする人も、商品を買う人もいなくなる。イングランド銀行が助けに行くことになる。

20. 恐慌が突発すれば、問題はただ支払手段だけである。ところが、この支払手段が入ってくることについては、だれもみな他人をあてにしており、しかもその他人が満期日に支払うことが出来るかどうかは誰も知らないのだから、そこで、市場にある支払手段すなわち銀行券を求めて本当の障害物競走が始まる。誰もが手に入れられるだけの銀行券をしまい込んでしまい、こうして、銀行券はそれが最も必要とされるその日に流通から姿を消してしまう。

21. 貨幣は恐慌の時にもあるのである。だが、それを貸付可能な資本、貸付可能な貨幣に転化させるということは、誰でも警戒しているのである。皆が現実の支払いの必要のために貨幣をしっかり握っているのである。

22. 恐慌の時には信用主義から重金主義への急転回が起きる。

23. 恐慌時には手形流通は全くだめになる。だれもが現金支払いしか

受け取ろうとしないので、だれも支払約束を使うことは出来ない。ただ銀行券だけが、少なくとも今日までイングランドでは、流通能力を保持している。そのわけは、国民がその富の全体を持ってイングランド銀行の背後に立っているからである。

24. 19世紀の商業恐慌は、もはや、ヒュームでは16世紀と17世紀の貴金属の減価だったような、あるいはまたリカードでは18世紀と19世紀初頭の紙幣の減価だったような、個々の経済現象だったのではなく、ブルジョワ的生産過程のあらゆる要素の抗争が、そこで激発する世界市場の大暴風雨だった。

25. 商業恐慌の現象で、最も一般的で最も目につきやすいものは、商品価格がかなり長く一般的に上がっていた後で、突然それが一般的に下がるということである。

26. これまでに二度、1847年10月25日と1857年11月12日とに、恐慌はこの頂点までのぼりつめた。その時政府は、1844年の銀行法を停止することによって、イングランド銀行をその銀行券発行の制限から解放したのであって、両度ともそれで恐慌を打開することが出来たのである。

27. 恐慌の時には次のような要求が現れる。すなわち、全ての手形や有価証券や商品を一度に同時に銀行貨幣に換えることが出来るべきであり、更にこの銀行貨幣をすべて金に換えることができるべきである、という要求がそれである。

こうして資本論を概観してみると、これまで、恐慌の原因には、イ. チューリップ恐慌、ロ. 綿業恐慌、ハ. 商業恐慌、ニ. 不動産恐慌、ホ. 金融恐慌、と色々あるが、その結果はいつもマルクスの時代と同じである事が解る。人類はこの百余年の間、何を学習してきたのだろうか？

そして、度重なる恐慌の結果として、有名な次の一節が登場してくる。

「資本独占は、それと共に開花し、それのもとで開花した、この生産

様式の桎梏となる。生産手段の集中も労働の社会化も、それがその資本主義的な外皮とは調和できなくなる一点に到達する。そこで外皮は爆破される。資本主義的私有の最後を告げる鐘が鳴る。収奪者が収奪される」（資本論第2巻、第24章第7節「資本主義的蓄積の歴史的傾向」）

「収奪者が収奪される」とは、資本家が労働者に取って代わられる、つまり労働者が主役になる共産主義革命が起きる、というマルクスの確信である。

マルクスのこの確信部分は、資本論第3巻の最後に書かれて良かったのであるが、第3巻の完成を待ちきれなかったであろうか。結論が早すぎて論理が飛躍してしまった。第2巻、第3巻はエンゲルスがまとめたようだが、もしマルクスが最後まで拘わっていれば、論理の飛躍に気が付いて、結論部分は修正されたかも知れない。残念である。

余談だが、マルクスが共産主義に言及した部分は殆ど無いために、どのような社会をデザインしていたのかわかりにくいのであるが、1つだけはっきりしていることは、貨幣資本の無い社会と言うことである。

　「共産主義の社会を考えてみれば、先ず第1に貨幣資本は全くなくなり、したがって貨幣資本によって入ってくる取引の仮装もなくなる」（第2巻、第16章）

「取引の仮装」が無くなるのでバブルも無いと言いたいのかも知れないが、貨幣のない社会とはどんな社会なのか。物々交換の社会？　配給制度の社会？　貴方はどんな生活を想像しますか？

（2008年11月）

9. トヨタ・危うし！

　前期（2007年度）の連結決算で2兆2700億円の営業利益を計上して、絶好調を謳歌していたトヨタ自動車が、一転して、今期（2008年度）の見通しを1500億円の赤字決算になる見込みであると発表して世間を驚かせた。（2008年12月23日、中日新聞、朝刊）
　歴史の教えるところとして、組織は絶頂期にその敗因を作っているというが、トヨタの場合は何が敗因であったのだろうか。
　トヨタが築き上げた「改善」は世界のビジネス用語「kaizen カイゼン」としてそのまま英語になっているほど、生産工程等の絶えざる改善・効率化は、1980年代日本の自動車産業の高い生産性の要因とみなされてきた。トヨタに限って死角、盲点は無いかに思えていたのだが。
　連結決算のドラスティックな落ち込みの要因は、大きく分けて次の2つであるという。

① 販売の減少
② 円高による為替差損

　この度のアメリカ合衆国のサブプライム・ローンに端を発した経済危機により、アメリカを始めとする海外での自動車の売り上げが大きく落ち込んでいる。加えて、為替が円高に大きく振れているため、それによる損失が膨大な額に達してしまう。
　結果論だが、今までが良すぎたということだ。つまり、アメリカを中心としたバブル経済のおかげで、トヨタは売り上げをどんどん伸ばしていった。おまけに為替が円安の状態が続いていた。この状況がいつまでも続くやに思えたのだが、現実の環境は対応が不可能というしかないほど急変したのである。

結局、海外への輸出に大きく販路を広げていったことが、今のトヨタを危うくしているのである。組織には何処も、その発展期と衰退期がある。これは歴史的必然である。ローマ帝国しかり、ナポレオンのロシア遠征、日本帝国の大東亜共栄圏、みな同様に勢力を拡大し尽くした後に、衰退して行った。ただ、その発展と、衰退の要因が実はいつも同じであるというところが皮肉ではないだろうか。トヨタの場合は、輸出産業として発展し、今、輸出産業として苦しんでいるのだ。
　そのような状況の中にあっても、もちろんトヨタは、「カイゼン」を旗印に、あらゆる経営努力をしてきた。これからも、経営体質の改善と来年以降の減産強化を明らかにしている。
　さて、私が言いたいのはこれから述べることである。つまり今回のトヨタの状況を見て、資本論で述べられていることで、何か検証できることは無いかということである。
　実は、資本論は、共産主義への必然性を説く中で、その理論の前提条件を幾つか設けていることはご存知であろうか。私の分類では大きく分けて次の3つである。

　前提条件その①……単純化
　　1日の高度な労働はＸ日の単純な労働を行うという仮定よって分析を進める。（資本論第1巻、第5章）
　前提条件その②……捨象化
　　商品は不変の事情のもとで、その価値どおりに売られることが想定される。従って、循環過程で起こりうる価値変動は無視される。（第2巻、第1章）
　前提条件その③……平均化
　　いろいろな生産部面における労働の搾取度または剰余価値率が同じであることを前提にしている。（第3巻、第10章）

　これらの前提条件は、マルクスが資本主義社会の経済を、簡単に分析し

やすくなるように設けたものである。しかしながら、現実の社会はそんなに単純ではないことが、今回のトヨタの危機を目の当たりにすると良くわかると思う。

　ここでは前提条件その②の問題点について述べてみたい。

　トヨタの危機は、経済的環境の激変によって突然に訪れた。これは現実のものである。しかし資本論では、「商品は不変の事情のもとで」つまり経済的な環境の変化：今回のようなサブプライム・ローンに端を発した経済危機：は無いものとして、しかも「商品はその価値どおりに売られる」つまり、例えば、1台200万円（160万円のコスト＋40万円の利益）の車は、値引きすることなく200万円で売れることが想定されているのである。

　このような想定がいかに現実離れしたものであるか、今回の事例で明確になっている。トヨタは生産したものが売れないために、減産を余儀なくされ、為替が円高に振れたために、1台200万円で売りたかったものが、例えば150万円にしかならないのである。

　前提条件その②で言うところの「循環過程で起こりうる価値変動は無視される」。つまり、「循環過程で起きた為替の変動は無視される」と言うことになる。こんなむちゃくちゃな話は、いくら分析を簡単にするためとは言っても暴論ではないであろうか。資本論はこのように始めから脆弱な前提の上に、論理が構築されていることを念頭に置いて読むべきである。

　私は資本論が読むに値しないとか、過去の遺物だとか言っているつもりは無い。ただ所々に、飛躍があったり、暴論があったりして、結果として資本主義社会の構造を正確に分析しているとは言い難い。前回の「資本論に見る恐慌論」のように、現在読んでも参考になる部分はたくさんあると思うのだが。

（2008年12月）

10. 派遣切り

　変な言葉が定着しつつある。「派遣切り」である。丁寧に言えば「派遣社員の解雇」ということであろう。

　派遣社員にも、種々の人がいる。正社員になることを希望しているのだが、何らかの理由で正社員になれない人。正社員になることを要請されているのだが、拘束されることを嫌って正社員にならない人。雇う方にも、雇われる方にも、選択する権利があって一見、良さそうに見えるのだが、それは好景気の時の話である。

　好景気の時であれば、派遣社員は解雇されても、或いは自ら会社を辞めても、すぐに次の仕事にありつける。容易に転職が可能である。しかし、100年に1度とまで言われる今回の経済危機において、トヨタ、日産、マツダ、スズキ、キャノンのように一度に数百人、数千人規模の解雇と言う状況では、話は簡単ではない。

　もともと派遣社員は期間を区切って雇用され、雇用契約書にもその旨が明記されているのであるから、雇用期間が経過すれば、解雇になったからと言って雇用主を責めるわけにもいかない。倫理上はともかく、法律上は何の責任も無いはずである。さらに雇用主側からありていに言えば、景気が悪くなって人件費を削減したい時のための派遣社員なのである。

　しかし派遣社員側から見たとき、状況は全く反対になる。解雇されたら次の仕事を見つけることがどんなに大変なことか。大半の会社が人減らしを考え、でき得れば、正社員でさえリストラと称して解雇されかねない状況なのである。何とかしてくれ！と叫びたくもなろうと言うものだ。

　本来ならばこういう時こそが政治の出番ではなかろうか。いたずらに与野党が対立し、無為無策で時間だけが過ぎて行く愚は、見ておれない。

　さて、ここでマルクスが資本論で説くところの「剰余価値」について一考してみたい。

商品の価値＝不変資本＋可変資本＋剰余価値

これはマルクスが説く商品の価値を示す公式である。

①剰余価値は生産過程で生産され、流通過程では生産されない。但し、実現されるのは流通過程においてである。（資本論第1巻、第4章）
②剰余価値は可変資本（労賃・人件費）から生まれ、不変資本（労賃・人件費以外の費用）からは生まれない。（資本論第1巻、第6章）
③そして資本家は、労働者を雇用して、そこから生じる剰余価値を搾取している。

簡単に言うとマルクスの言う剰余価値論とはそれだけのことである。
　ここにおいて、剰余価値にはプラスの剰余価値とマイナスの剰余価値が考えられる。つまりプラスの剰余価値は資本家側の利益に貢献し、マイナスの剰余価値は、資本家側の損失を招く。しかしマルクスによれば、剰余価値がプラスであるのは自明であり、マイナスの剰余価値はありえない。
　しかし、仮に剰余価値が常にプラスであるならば、

商品の価値＝不変資本＋可変資本＋剰余価値

の公式に照らしても、資本家側が損失を招いて赤字決算になることはありえない。
　剰余価値にもマイナスがあるから、商品が言わば資本家のもくろんだ価値どおりに売れなくて、赤字になるのである。
　また、剰余価値が常にプラスであるならば、不景気だからと言って、労働者を解雇する必要も無いであろう。剰余価値は、可変資本（労賃・人件費）から生ずるのであり、人件費を削減すれば、剰余価値が減ることはあっても増えることは無いのである。

剰余価値にマイナスがあることを認めなければ、資本家側が労働者を解雇する理由が見当たらない。派遣切りが盛んに行われる理由が説明できない。

　フランスの社会主義者、プルードン（1809～65年）は、マイナスの剰余価値もありうると主張していたが、当時はマルクス側の勢いが強く、プルードンの主張はかき消されてしまったようである。

　しかし、ここへきて昨今の、トヨタのあわてた、しかも数千人に及ぶ期間従業員の解雇を目の当たりにしたとき、剰余価値は常にプラスである等と、とぼけたことは言っていられないのである。

　剰余価値論は資本論の根幹を成す理論である。それが見直されなければならないとしたら、……大変なことになりますぞ‼

＊プラスだけの剰余価値論と恐慌論は、矛盾しないのか？
＊つまり、剰余価値が常にプラスならば、そもそも恐慌なんか起こるまい‼

（2009年1月）

11. カンブリア宮殿

テレビ東京をつけたら、たまたま「カンブリア宮殿」をやっていた。今日のお客さんは日本共産党の志位和夫委員長である。(2009 年 1 月 19 日)

インタビューアーの村上龍氏とのやり取りの中で、志位氏は、やおら資本論を取り出した。どこの文章を紹介するのかと思って聞き耳を立てていると、次の文を引用して、資本主義の非人間性、資本の貪欲な利殖欲を指摘した。

「"大洪水よ、我が亡きあとにきたれ！" これがすべての資本家およびすべての資本家国民のスローガンである。それゆえ資本は社会によって強制されるのでなければ、労働者の健康と寿命にたいし、なんらの顧慮も払わない」(資本論第 1 巻、第 8 章 労働日第 5 節)

つまり、自分が儲けた後、或いは自分が死んだ後、「後は野となれ山となれ」で、労働者には何の配慮も考えないのが資本家の、資本主義国の命の性分であると言う。

正直に言うと、私はこの引用文を聞いて少々がっかりした。こんな部分はわざわざテレビで紹介するような箇所では無かろうに。マルクスで無くともこの程度のことはいくらでも言っているではないか。

しかしマルクスが言ったことが重要なことなのであろう。私は思わず 40 年以上前の大学での講義を思い出していた。あの時も、マルクス経済学の教授たちは「マルクスはこう言っている」と言って、マルクスの著書から引用するだけで、自分の考えは全く持たないかのようであった。あたかも、教祖マルクスに対する信仰のように感じたのは私だけであろうか。

しかし、この「後は野となれ山となれ」の性分は、資本家だけのものであろうか。残念ながら資本家だけの物ではない。どうだろう、静かに胸に

手を当てて、自分を見つめたとき、資本家ではない我々にもこんな性分は無いであろうか？　実は人は誰でもこんな命を持っていると仏教は教えている。従って、共産主義社会にさえなれば「誰もこんな性分を持たない」とは言えず、また形を変えて現れてくるのである。

　また、マルクスが活躍していた頃の社会の実態は、確かに資本家が横暴を振るっていたかも知れない。しかし「万国の労働者よ、団結せよ！」とのマルクスの指導もあって、今や、ともすると労働者のほうが優勢になる場合がある。そのために経営者といえども地位が安泰とは言えず、常に従業員、株主、銀行、取引先、顧客等の利害関係者に気を使いながらの舵取りを、強いられているのが普通の状態である。社会は大きく変わっているのである。

　「カンブリア宮殿」を見ていて、もう1つ引っかかったのは、労働者が今でも搾取されている証拠として、志位氏が指摘した大企業の「内部留保」に付いてである。志位氏は大企業が派遣社員を簡単に解雇している割に内部留保は次のように増加しているという。

内部留保

自動車産業	22兆円	解雇	1万8千人
電気	11兆円	解雇	2万2千人
合計	33兆円	解雇	4万人

　経営者側から言えば、「内部留保」は将来の設備投資や、試験研究費のために準備しておかねばならない。そうしなければ企業の拡大発展は望めず、いずれ競争に負ける運命にある。したがって「内部留保」は、単に余った利益と言うよりも、将来出動すべく待機している資本と考えたほうが適切である。

　マルクスは、「ゴータ綱領批判」の中で、共産主義の第1段階においては、生活資料を各人に分配する前に、次のものが控除されなければならないと言っている。(『マルクス・エンゲルス全集』第19巻 p.19)

「ところで、この社会的総生産物からは、次のものが控除されなければならない。
　第1に、消耗された生産手段を置き換えるための補填分
　第2に、生産を拡張するための追加部分
　第3に、事故や天災による障害に備える予備積立または保険積立」
（他にも、第4、第5、第6とあるが、ここでは省略する）

　つまり、この部分、特に「第2」の部分はまさに、資本主義社会における「内部留保」に相当する部分を意味し、それは共産主義社会になっても、必要な部分であると言っているのである。こうなると、志位氏が指摘した、内部留保は資本家が労働者を搾取して溜め込んだ不正な取り分であると言うのは、短絡的に過ぎないのではなかろうか。
　実は共産主義社会になっても、必要なものは必要なのである。資本主義社会とその「生産部門」および「分配部門」を冷静に比較してみると、両者の相違は意外と小さいことに気が付くのである。

（2009年2月）

12. オバマ　頑張れ！

　昨年（2008年）11月の合衆国大統領選挙において、史上初めてのアフリカ系黒人のバラク・オバマ氏が大統領に当選した。その大統領の受諾演説の中でオバマ氏は次のように言った。

　「この経済危機がもたらした教訓を思い出そう。それは、メイン・ストリートの具合が悪いときにウォール・ストリートだけが繁栄することはできないという教訓である」

　ここで、メイン・ストリートとは実社会を指し、ウォール・ストリートとは金融街を指している。共産主義を掲げる国家、ソ連が崩壊して約17年、資本主義経済をひた走るアメリカ合衆国が独走するかと思いきや、調子に乗りすぎて、こちらも崩壊してしまった。
　がんじがらめの官僚主義もだめなら、奔放な自由主義にも限界があることが明らかになってきた。人は痛い思いをしなければ覚えないのが常である。今回の経済危機はそういう意味の授業料となりそうだ。
　また、今年（2009年）1月20日の大統領就任式において、オバマ氏は次のように言った。

　「公的資金を管理するものは適切に支出し、悪弊を改め、透明性のある業務を行う責任を負う。それによって初めて、国民と政府の間に不可欠な信頼を回復することが出来る」

　この発言を早速、実行に移したかのような報道が、2月6日付のデイリー読売に掲載されていた。
　オバマ氏は、次のような報告を受けていた。

「ウォール・ストリートの企業は、アメリカ合衆国の金融システムが崩壊するのを防ぐために、政府からの救済資金を1900億ドルも受けているのに、2008年末に彼らが手に入れたボーナスは、180億ドルを越えていた」

これを聞いたオバマ氏は、手厳しく次のように言った。

「我々は皆責任を取る必要がある。そしてこれはアメリカ国民の方を向いた、主な金融会社の重役も含むのであり、通例は気前の良いボーナスを自分たちに払うような時でも、アメリカの国民が困っているときは、慎ましやかにすべきではないか」

少しは恥を知るべきだと。
そして次のように命じたのである。

「政府から緊急援助資金を受ける企業の重役の報酬は、最高で＄500,000（約4500万円）に抑えるべきである」

つい先日も、アメリカの議会に呼ばれた、自動車業界のビッグスリー（GM、フォード、クライスラー）のトップたちが、「会社が倒産しそうだから、大至急資金を融通してほしい」と頼みに来るのに、自家用ジェット機に乗ってきたことが話題になっていた。
庶民感覚との隔たりが大きすぎるのである。これでは多くの納税者は納得できないであろう。
資本論第1巻、第24章第1節「本源的蓄積の秘密」の中に次のような一節がある。

「この本源的蓄積が経済学で演じる役割は、原罪が神学で演じる役割とほぼ同じである」

つまり、封建主義時代から産業革命（時代）を経て、資本主義時代に突入する段階で、資本家が最初に蓄えた（本源的蓄積と言う）資本は、労働者をこき使って、暴力的に収奪したものである。従って、資本主義時代の始まりにおいて、資本家はキリスト教で言う「原罪」を犯していると、マルクスは言いたいのである。本源的蓄積を「原罪」に譬えるマルクスのウィットには感心もするが、これについて否定できる人はいるであろうか。

　マルクスの時代は、多くがそうであったと言われても止むを得ないのが実態ではなかったか。百歩譲って、労働者から暴力的に収奪したものではないにしろ、労働者の献身的な協力がなければ、資本の本源的な蓄積は不可能であったであろう。（但し、近年においては、ビルゲイツのように、学生時代に閃いたアイデアを元に、銀行から資本金を調達して企業を起こすことも可能であり、また労働者自らが働いてコツコツ蓄えた資本を元手に、会社を起こすことも稀ではなくなっているが）

　そのことに思いをいたすならば、資本家と言われる人々は、自分の取り分にもう少し謙虚であって良いのかもしれない。この会社は俺のものである。だから、そこから報酬をどれだけ取り上げようと、俺の勝手だ。と言うのは、傲慢のそしりを免れないであろう。「会社は労働者からの預かり物」である位の謙虚な気持ちが有ってもいいのではないか。

　倫理無き資本主義は崩壊する。

　先人たちの多くは、社会のために良かれと考えてやってきた。産業革命も、資本主義も、共産主義も。しかし、我々はこれまで多くのことを目の当たりに見てきた。そして、そこには自ずと「倫理・節度」が必要であることを学んだのである。

　共産主義の崩壊。資本主義の暴走による、100年に1度と言われる金融危機。これらを反面教師と出来る我々は幸せかもしれない。人間に学習能力が有るのなら、我々の進むべき道は自ずと決まってくるはずだ。

　オバマよ、頑張れ！

（2009年3月）

13. キューバ革命50年の現実

　首題の NHK　TV 放送を見た。

　1959年1月1日、バチスタが国外逃亡することによって、カストロによるキューバ革命は成功した。しかし、アメリカがカストロ政権を認めなかったため、カストロはソ連に接近。それが1962年のキューバ危機へとつながって行く。

　この TV 放送は、1972年から2009年まで、キューバを見てきたアメリカ人ジャーナリスト、ジョン・アルパート氏による記録フィルムと、彼へのインタビューによって構成されていた。

　1972年に、彼が慈善団体の一員として始めてキューバを訪問した時は、ソ連の経済支援もあって建設が急ピッチで進められており、国全体に活気があった。キューバ革命も、頂上がようやく見え始め、希望があった。あたかも、今回アメリカ合衆国に黒人大統領オバマが誕生して、多くの人が期待に胸を膨らませているのと同じような雰囲気であった。

　1974年に、キューバから取材の許可が下りて再訪問した時、その後35年間にわたって取材を続けることになる人々に出会う。

　ボレゴ・ファミリーの4人兄弟（長男アンヘル66歳、次男クリストル64歳、三男グレゴリオ62歳、妹リロ50歳）がそれで、アルパート氏は、大の親友になってゆく。

　この時、ボレゴ・ファミリーの兄弟たちは、農地改革で私有地の8割を国有化されていた。それでもインタビューのマイクを向けられると、「国のためになるなら農地改革に賛成です。私たちは農家で、昔から自給自足の生活ですから、食糧事情は前と変わりません」とけなげに応じていた。

　町での食糧事情も、配給手帳に記録しながらの分配であったが、皆に不自由なく行き渡っていた。女性はミニスカートを身に付け、それまでは無かった山岳にも病院が建設され、医療費はゼロであった。

1979年10月、カストロは、ニューヨークの国連本部で、発展途上国の窮状を訴える2時間の演説をしている。この時、ジョン・アルパート氏は、多くのアメリカのマスコミ陣の中から1人だけ、カストロの乗る政府専用機に同乗して、取材を許されると言う特別の待遇を受けている。当時のアルパート氏の印象としては、カストロは大変気さくで、会話を楽しんでいるように思えた。

　ところが、1980年4月、革命から20年経過した時に、6人のキューバ人が亡命を求めてペルー大使館へ駆け込んだ。これをきっかけに十数万人の亡命へと発展した。カストロは、亡命を認める演説を行った。この際、不満分子を一掃しようとの考えであった。

　アメリカ合衆国も亡命希望者を受け入れていたのであるが、キューバのマリエル港で取材したアルパート氏のビデオがアメリカで放映された時、亡命者の中には犯罪歴のある人や、精神障害者が含まれていることが明らかになった。

　これを知った、合衆国のカーター大統領は、亡命者の入国を禁止した。

　それが影響して、アルパート氏のキューバ取材の特権は剥奪されてしまった。

　同じ頃の取材によれば、ボレゴ・ファミリーの自宅には、まだ水道も電気も引かれていなかった。牛2頭を持って自給自足の慎ましい生活ではあったが、彼ら兄弟は、亡命には興味が無いと言っていた。

　1990年、アルパート氏は、再びキューバへの入国が認められるようになり、取材を再開した。1974年に出会った時、9歳の少女であったカリダットは、今は25歳になり、10歳の息子と8歳の娘との3人で、ハバナ郊外の労働者住宅で元気に暮らしていた。彼女の暮らしぶりには何の不満も無く、16年前よりも豊かになっているように見えた。

　1991年、ソビエト連邦の崩壊により、キューバへの経済援助が断ち切られる。

　1992年、ハバナの医療機関においては、薬が不足し、旧ソ連邦からの

原油の輸入が減って、車が使えない状態になっていた。

　この時初めて出会った、ルイス・アモーレは失業中で、生活は観光客からの恐喝、窃盗でまかなっていると公言していた。ハバナの電気は1日4時間だけ有効、夜は停電で真っ暗になっていた。

　ボレゴ・ファミリーを訪ねて見ると、元気が無かった。「食料難のために大事な牛が盗まれ、農作業が出来なくなった」。また「せっかく育てたトウモロコシも盗まれてしまい、どうすることも出来ない。ひどいものだ」。いつも楽しみにしていた村の酒場に行っても、ラム酒も肉も無い。「何も無いんだ。何もかもうまく行ってない」と途方に暮れていた。

　革命の理想とは正反対の現実を突きつけられ、キューバは生き残れるのか、先が全く読めない状態で、存亡の危機に遭遇していた。この頃アメリカは、ソ連の崩壊とそれに伴うキューバの窮乏を楽しんでいたという。

　1995年、キューバは経済を建て直す為に、新外資法を制定して観光産業に力を入れ、外貨の獲得を目指す。一方、合衆国は1996年、キューバに対する経済制裁を更に強化した。

　2006年、食糧事情は改善されてきたが、富める者と貧しい者、外貨を持つ者と持たない者のとの経済格差が大きくなりつつある。優秀な医師やエンジニアの月給が20ドルに対して、観光客を相手にするタクシーの運転手は、1週間で同額を稼ぐという実情が起こっている。

　1992年に出会ったときに失業中であった、ルイス・アモーレは公園の管理人の職を得ていた。月給は約1000円。富裕層向けのドルショップもできたが、そこでジュースを4本買うのに、彼の賃金では15日間働かねばならず、便器を買うには3年分の給料が必要だ。キューバで生きて行くのは困難であるとの理由で、難民申請をしていると言う。

　また、16年ぶりにカリダットの住む労働者住宅を訪問。

　本人は5年前にメキシコ経由でアメリカのフロリダへ。26歳になる息子と、24歳になる娘に合わせて100ドルを毎月送金してくる。母がアメリカの市民権を取ったら、自分たちもアメリカへ移住したい。生きるため

には、国を出たい。出られるならばどこの国でも良いとは兄妹の言葉。

更に、ボレゴ・ファミリーを訪ねてみた。

末っ子の妹リロ（82歳）が甥と二人で農業を営んでいた。水道と電気が通じていた。男の3兄弟は既に亡くなっていた。享年は、長男96歳、次男94歳、三男93歳であった。

2008年12月のカリダット宅訪問。食料は格安で配布されているが十分ではない。足りない分はドルで買っていると言う。兄（28歳）の方は、母のカリダットが合衆国の市民権を取得できたので、アメリカに行く準備をしている。革命50周年には何の関心も無い。

今のキューバ経済は自力ではどうにもならず、外資に頼るしか方法がないようである。どうしてこうなってしまったのであろうか。

前に書いた随筆の中で、「この本源的蓄積が経済学で演じる役割は、原罪が神学で演じる役割とほぼ同じである」（資本論第1巻、第24章第1節）の文章は引用しているが、もう一度。

つまり、資本主義社会から共産主義社会になるとき、国家は土地や、大企業等の私有財産を「没収」して始まる。つまり、これが共産主義社会における「本源的蓄積」になるわけだ。マルクスは、資本主義社会における本源的蓄積は労働者から「暴力的」に収奪して出来たものであるから、いわば、キリスト教における原罪に等しい。従って、その罪は永遠に消えることは無いという。

しかし、考えてみると共産主義社会が私有財産を国有化する時も、必ずしも平和的に行われているとは言えない。その証拠に、国有化に反対でもしようものなら、たちまち逮捕、投獄、場合によっては国家反逆罪として、死刑になっている。実際、どれだけ多くの人がその犠牲になっているか、想像しただけでも空恐ろしい。これを「暴力的」と言わずにおれようか。多くの人はそれが恐ろしくて、泣く泣く没収に応じている。相手は国家権力である。しかも、「自由と平等」と言う正義の旗を振りかざされては、どう立ち回ろうと勝算は無い。

「自由と平等」と言う大義名分のために、没収した私有財産を有効に機能させて、自由で豊かな平等社会が実現できるならば、私有財産を拠出して共産主義社会における「本源的蓄積」に協力した人々も報われよう。しかし結果は、密告を奨励する網の目が張り巡らされて、言論の自由も無く、しかも貧しさを分かち合う平等を強いられるだけでは、絶望的にならざるを得まい。

　考えてみると、共産主義社会を目指したソ連も、中国も同じような経過をたどっている。つまり、革命後、最初の20年ぐらいは活気に満ち、希望にあふれているが、次第に活気がなくなり、希望もなくなって最後は絶望的になってしまう。

　これは、革命1世代は情熱を持って建国にまい進するが、2世代目、3世代目となるに従って、革命の情熱が失われ、保守的になり、保身になり、自分の立場や既得権にしがみつくようになってしまうからであろうか。共産主義社会を目指した国の最後は、官僚主義に陥って、血管がつまり、神経がずたずたに切断されて、国家としての指示系統が全く機能しなくなるという状態を一様に晒してきた。

　完全に敵対してきたアメリカ合衆国とキューバ。革命から50年を経た今、両国とも指導者が変わった。歩み寄りによる友好関係が築かれて、お互いの国民が自由に出入りできる日が来ることを、ジョン・アルパート同様、希望しておきたい。

（2009年4月）

14. 空想から科学へ

　ジョージ・ソロス著の『ソロスは警告する』(講談社) を読んだ。今回の経済危機は、市場主義経済への過度の依存が生み出した、大恐慌以来のバブルが原因であることを、いち早く予想し、警告していたことがわかる書であった。
　ソロス氏は、1930年ハンガリー、ブダペスト生まれのユダヤ人。ソロスファンドを設立し、デリバティブを駆使し、空前の利益を毎年たたき出していた。
　史上最強の相場師と呼ばれ、ポンド売りでイングランド銀行を破産させた男としても有名。第一線を退いた今でも、世界の金融市場に絶大な影響力を持ちつづけている。
　その彼が、「人間は、世界を完全に理解することは出来ない」、したがって、「普遍的なモデルが成り立つような経済学は役に立たない」と言っている。そして彼は自ら考えた「再帰性」の理論を提唱している。この理論はかなり複雑なのでここでの説明は省略するが、この理論は、法則でも公式でもない。逆に、経済学は単純な法則、公式では説明できないことを強調しているのである。
　さてマルクスは、資本論において「共産主義への必然性」を説いたと言われているが、約140年後の今日になって検証してみると、社会事態がマルクスの時代と大きく変化していることもあり、彼の説いたことの半分は正しいが、半分は間違っていたと言ってよいであろう。
　正しい方の半分は、過去の歴史について分析し論じた点であり、間違いの方の半分は、将来の歴史について予測した部分である。マルクスは、過去と現在の社会からいくつかの法則を導き出したが、残念ながらその法則は当たらなかった。つまり正しくなかったのである。
　『空想から科学へ』の中で、エンゲルスは、「今までの社会主義は空想的

なものであったが、マルクスが2つの大発見をしたのでこれによって、社会主義は1つの科学となった」と言っている。
　2つの大発見とは、

① 唯物史観
② 剰余価値

の2つの発見である。
　①の「唯物史観」は、それまでのキリスト教を中心とした「唯心史観、観念論」に対し、経済を根底にした歴史観として登場したものである。しかし、人間の社会は「物」だけ見ても、正しく観たことにはならない。「心」の方にも同じぐらいの重要性を置いて考えることが必要である事が次第にわかってきた。つまり唯物史観の限界が露呈されてきた。
　②の「剰余価値」とは、資本家が支払った労働力の価値（賃金）以上に、労働者によって生産された価値。企業利潤・地代・利子などの所得の源泉となるもの。資本家は、この剰余価値を労働者から搾取しているとして、マルクス経済学の主要概念の1つであるが、「剰余価値にはプラスしかなく、マイナスの剰余価値は存在しない」と言うところに無理があった。
　自然科学は、1人の学者がある法則を発明したら、すぐにそれが他の学者によって正しいか否かの検証が可能である。また逆に検証が不可能であれば、その発明は法則として認められない。
　一方、社会科学は、法則なり、公式なりが発明されてもそれの検証に、何十年も時間がかかるのが普通である。実験室で確認すると言うわけには行かないのである。その法則なり、公式なりを発明した人、或いは、それを理解した人が、実社会に適用してみて始めて検証の結果が出てくる。
　自然科学はまた、発明、発見するまでは大変であるが、ひとたび発明、発見してしまうと、その内容は案外単純なことが多い。つまり法則、公式に含まれる変動要因が少ないのである。

しかし社会科学の方は、自然科学ほど因果関係が単純ではない。人間社会を扱うと言うことは、複雑で微妙な「人の心」を抜きにしては語れない。従って、法則や公式に含まれる変動要因が多すぎて、はじめから意識的に単純化したり、捨象化したり、平均化するしか方法はないのである（これは資本論の前提条件にもなっている）。その結果、正確性を欠き、将来の検証には耐えられない結果となってくる。
　エンゲルスが小躍りして喜んだであろうマルクスの2つの大発見は、残念ながら真理とは言えなかった。『空想から科学へ』のパンフレットを読んで感動し、共産主義思想に傾倒して行った若者も大勢いたのであるが。
　最近、ノーベル経済学賞を授賞したような論文でも、数年後には陳腐化して使い物にならないと言う例が後を絶たないという。それだけ社会科学における不変の真理を発見することは困難であると言うことだ。
　イギリスの歴史学者、アーノルド・トインビーは、その著書『歴史の研究』（中央公論社　世界の名著　p.292）において、未来社会に対して、味わい深い示唆をしているので紹介しておきたい。（「2. アエロフロート機内にて」でも一部引用している）

　「かつて全く無統制だった民主主義諸国の経済の中にも、明らかに不可抗の勢いで計画化が侵入しつつある事実は、すべての国の社会構造が近い将来において、国家主義であると同時に、社会主義的なものになる可能性のあることを暗示する。単に資本主義体制と共産主義体制とが、肩を並べて存続するように思われると言うだけではない。資本主義と共産主義とは、ほとんど違いの無いものに対する、別の名称になりつつあるのかもしれない」

　トインビーの予測は、未来の社会は混合経済になり、それを指して、ある人は資本主義といい、またある人は共産主義と言うようになるであろうと言っている。
　社会科学においては完璧な理論、完璧な公式、完璧な法則が示しえない

とすれば、とりあえず我々が目指すべき指標は、仏教で説くところの「中道」と言うことになるのであろうか。

（2009 年 5 月）

15. 盛者必衰　GM倒産す

祇園精舎の鐘の声
諸行無常の響きあり
沙羅双樹の花の色
盛者必衰の理をあらわす
奢れるものも久しからず
ただ春の夜の夢の如し
武き者も終には滅びぬ
偏に風の前の塵に同じ
　（平家物語より）

　資本主義経済の象徴的存在であったGM（General Mortars Corporation）が、2009年6月1日、連邦倒産法第11条の適用を申請し、負債額1728億ドル（約16兆4100億円）を抱え、経営破綻した。この額は製造業としては世界最大である。今後はアメリカ政府が60％、カナダ政府が12％の株式を保有し、実質的にアメリカ政府により国有化され再建を目指す。

　GMは、どうして倒産したのか？　GMはアメリカの、そして資本主義経済を象徴するビッグな企業であったが故に、昔から何かと注目され、話題にもなってきた。GMについて書かれた著作をあげればきりがないが、幾つか例示すれば次のごとくである。

　1946年、ピーター・ドラッカー著『会社という概念』（東洋経済社新報社）
　1965年、ラルフ・ネーダー著『どんな速度でも安全ではない』（Grossman Publishers）
　1975年、J・パトリック・ライト著『晴れた日にはGMが見える』（新

潮社）

1986年、デビッド・ハルバースタム著『覇者の驕り』（日本放送出版協会）

1989年、マリアン・ケラー著『GM帝国の崩壊』（草思社）

これらの本の中で、GMの中に巣くう、惰性と驕慢な体質、権力闘争、非道徳、無能力等、種々指摘されてきたが、それらの警告はことごとく無視されてきた。1人の副社長、デロリアンが、会社を見放してから（1975年）、実際に倒産するまで36年間が経過している。この間にどんな努力をしてきたのか。改革のチャンスは何度もあったのに，それを生かすことが出来なかった。

1980年代、GMは前門の虎として低価格・高品質の日本車の追い上げに会い、製造コストの削減や品質の向上を目指さなければならなかったが、後門の虎としての労働組合による、待遇改善要求に合い、コスト削減が出来なくなっていた。GMは、日本車と労働組合の板挟みになり、急速にその体力を失って、マーケットシェアーを減らしていった。

気が付いた時には、消費者の石油の価格高騰による低燃費指向、環境問題を考えてのエコカー指向に逆行して、利益率の高い大型車を作り続けるしか会社存続の道はなかったのである。やがて退職者への巨額の年金や、手厚い医療費の負担から来る、多額の債務を抱え込み、債務超過に陥った。多臓器不全に陥ったGMが、今日の倒産に至ることは時間の問題であった。とどめを刺したのがアメリカのサブプライム・ローン問題に起因した、100年に1度と言われる経済危機である。

GMが帝国と称されるほど、偉大であった事を考えると、今から18年前に崩壊したソ連と比べてみるのも面白い。

GMは設立（1908年）から約100年でその生涯を閉じたことになる。共産主義国・ソ連の成立（1917年）から崩壊（1991年）までの74年間に比べると、その寿命は幾分長いが、所詮50歩100歩だ。

ソ連は国有企業を民間に払い下げて民営化し、GMは全く逆に、民営企

業を国有化して再生を図ることになった。ソ連は共産主義を代表する国家であり、ＧＭは資本主義国家を象徴する巨大企業であるが、その終焉に至る経緯は何故か似ている。

1. 経済的に存続不可能になった。
2. 巨大組織にあぐらをかいていた。
3. 時代の要請に対応できなかった。
4. 官僚的になり、組織が硬直化していった。
5. 人件費の上昇による、生産性の下落。

結局、本質的な問題は、共産主義か資本主義かではなく人間の煩悩の問題に帰着する。つまり、人間なら誰もが生まれながらに持っている、貪り（貪欲）、瞋恚（怒り）、痴（愚か）、慢（慢心）、疑（疑い）等の生命である。これをコントロールできない限り、どんな社会体制にしようと、根本的な変革は出来ないと仏法は説く。

また、１つの組織体の寿命は70年から100年がせいぜいと言うことで、資本主義だから、共産主義だからと言うのは副次的なことの様である。であるならば、ＧＭが倒産したのは資本主義だからではない。其れよりももっと厳粛な事実は、どんな組織も生老病死、常住壊空は免れないと言うことだ。

マルクスの予想は、資本主義社会では、資本家による労働者に対する剰余価値の搾取がエスカレートして労働者が窮乏化し、周期的に起こる経済恐慌と相まって、共産主義革命に至る事になる。しかし、今回のＧＭの倒産は、その大きな要因として、従業員や退職者の高額な給与、年金等の人件費、そして医療費の負担等の福利厚生費が経営を圧迫していたことが指摘されている。これはマルクスの「万国の労働者よ、団結せよ！」のご指導宜しく、労働組合が強くなりすぎた事を物語っている。また、一部の役員には法外な役員報酬が与えられていたが、赤字に陥ったここ数年は、資本家（株主）への配当は中止されていた。

マルクスは資本論において「①不変資本の相対的増大と、②可変資本の相対的減少」により労働者が窮乏化し、やがて収奪者（資本家）が収奪される「つまり、共産主義革命に至る」であろうと予測した。しかし、ＧＭは全く別のコースをたどって倒産したのである。つまり、「可変資本（人件費）の増大による③剰余価値（利潤）の減少」によって、資本家（企業）が窮乏化して倒産した。

マルクスの剰余価値論からすれば、可変資本が増大すれば、剰余価値も増大するはずである。なぜならば、「剰余価値は可変資本からしか生じることはなく、しかも生じた剰余価値は必ずプラス」なのだから。ＧＭの倒産は、剰余価値論の誤謬を物語っているのである。さらに、ＧＭが倒産したからと言って、今のところ共産主義社会に移行するような雰囲気は感じられない。

不変資本、可変資本、剰余価値の増減状況を、マルクスの予測とＧＭの現実を図示すれば、大旨次のようになるであろう。

(資本論執筆中)	不変資本	可変資本（賃金）	剰余価値（利潤）
(マルクスの予測)	不変資本	可変資本	剰余価値
(ＧＭの現実は！)	不変資本	可変資本（賃金）	剰余価値

（用語の解説）広辞苑より

① 不変資本とは：生産手段（労働用具・原料・補助材料など）の購入に支出される資本。労賃として支出される資本（可変資本）とは異なり、生産過程を通じてその価値が不変のままで生産物に移転する。

② 可変資本とは：労働力の購入に支出された資本は、生産過程でその価値の

大きさを変じる。すなわち、それ自身の等価と、それ以上の超過分である剰余価値を生産するので、このように呼ぶ。
③ 剰余価値とは：資本家が支払った労働力の価値（賃金）以上に、労働者によって生産された価値。企業利潤・地代・利子などの所得の源泉となるもの。

（2009年6月）

16.『マルクスの逆襲』を読んで

　首題の本（三田誠広著、集英社）を読んだ。「実は、日本はマルクス主義国家だったのだ」と三田氏は言う。私がこれに類する発言を耳にするのは、これが3回目である。前2回のことについては、この随筆の中で言及している（「2. アエロフロート機内にて」）。

　しかし今回は単に風聞として聞き流すには、インパクトが強すぎる。それだけ三田氏の活字に力があったと言うことだ。三田氏はその理由を次のように説明している。（p.137〜40）

　1. 敗戦による財閥の解体、農地解放、インフレ等の結果、日本には資産家がいなくなった。つまり貧富の格差がなくなって、すべてが大貧民ということになった。敗戦という過酷な出来事は、実は「革命」と同じ効果があったといえるのかもしれない。

　2. だが、日本にプロレタリアート独裁は存在しない。あるのはファシズムの時代の統制経済を担った官僚機構だ。つまり、国家主導によるインフラ整備という、社会主義と同じシステムで、日本の戦後復興はスタートしたことになる。

　3. 敗戦によって日本はゼロから出発したから、その段階ではアジアの開発途上国と同列に並んでいたのだが、官僚も国民も、せめて戦前のレベルに戻りたいという具体的なビジョンが描けたから、当面の貧しさに耐え、持続的に努力することができた。

　4. 幸運にも、絶妙のタイミングで朝鮮戦争が起こり、外需が増大して、日本の経済は加速度的な高度成長を遂げることになる。

　5. 国民はまだ大貧民のままで消費を抑制している。余った資産のすべてがさらなるインフラ整備に投入された。製鉄や造船などの従来の基幹産業に加えて、石油化学工業という、まったく新しい分野への投資が

実現した。ナイロンなど石油から生産される新たな繊維産業が発展していく。基幹産業の整備で鉄やプラスチックの供給が可能となり、ここから家電やエレクトロニクスの分野でも産業が成長していく。

6. ここまでの展開を見ると、戦後日本の経済成長は、まさに社会主義と同様の統制経済によって成立したことが見えてくるだろう。

7. 実は、日本はマルクス主義国家だったのだ。だからマルクスの予言のように、資本主義国家を追い越すような高度経済成長が実現した。

8. マルクスがまちがっていなかったことのまぎれもない証拠が、日本の経済成長だということもできる。「マルクスの夢は日本で実現されたのだ」

そして最後に三田氏は、読者に向かって次のように呼びかける。

「今からでも遅くはない。団結しようではないか。そして、新しいコミュニティーを築くために、一歩を踏み出すのだ。ゲバ棒を持つ必要はないし、過剰に禁欲的になることもないが、金銭の魔力に惑わされずに、一人一人が良識を持ち、自分にできることを少しずつ始める。まずは家族を大切にすることだ。仲間と楽しくやることも大切だ。そして郷土や、この国のため、自分にできることはないかと考えてみる。そこから、この国の未来が開ける。マルクスの逆襲が、これから始まるのだ」（p.202〜03）

日本はマルクス主義国家だったのか？　マルクスは共産主義革命後の具体的な青写真は提示しなかったが、かつての日本に存在した社会は、本当に理想的なマルクス主義の国家であったのであろうか。

私はそうは思わない。たまたま、経済成長が目覚ましく、貧富の格差が小さく、疎外感を感じて生きる人も少なく、国民総中流意識で過ごせた時代があった。後から振り返ってみたら、あの時代が理想的な社会主義社会だったのではないかと、それを失ってみて初めて気が付いた。あたかも、

健康な時はそれが当たり前に思っていたが、病気になって健康を失った時、初めて健康の大切さに気が付くように。それは全くマルクス主義とは関係のない社会なのだ。

その証拠に、当時、少しでもマルクスをかじっていたものが、「今がマルクス主義国家なのだ」と認識していた者は全く居なかったし、逆にあの時代を変革しようとあの手この手で画策していたのである。共産党しかり、社会党しかり、日教組しかり。今の教育界の悲惨な状態は、その多くの責任は日教組にあると言うべきだろう。当時の圧倒的多数の国民が、マルクスの説いた共産主義革命や、プロレタリアート独裁を排除したからこそ実現した社会であったのだ。

また、当時の日本をマルクス主義国家だとすれば「マルクス主義社会が成立する前」ではなく「マルクス主義社会が成立した後」にバブルが発生し崩壊し、恐慌に陥っている。社会主義の後にバブルが発生すると言うことは、全くマルクスの想定外であり、マルクス主義社会であるならば、経済は成長し続けなければならない。このことからも、日本の社会は、マルクスとは何ら関係のない社会であったことがわかる。それは、たまたま幾つかの偶然が重なって絶妙なバランスの上に存在した「混合経済」であったのだ。

その理想的な国家も瞬く間に、大きな債務を抱え、今や瀕死の状態である。船長の舵取りが間違うと、船は座礁する。国家もまたしかり。日本の社会は官僚によって復興し、同じ官僚によって崩壊の危機に直面している。その過程は、ソ連が初期の段階では、急速に経済的発展を遂げて、アメリカをも追い抜こうとする勢いであったのが、いつの間にか失速して、ついに崩壊してしまった事を、思い出さずには居られない。

アーノルド・トインビーが「将来実現するであろう混合経済を見て、ある人は共産主義経済と言い、ある人は資本主義経済という時代が来るであろう」と予言している。

混合経済とは、「自由が制限された資本主義経済」もしくは、「自由に満ちた社会主義経済」と私は考える。

「自由が制限された資本主義経済」のイメージは、

1. 税制を見直し、所得の再分配により、貧富の格差を小さくする。
2. 金融資本に対する規制を強化し、投機的な運用が出来ないようにする。

自由に満ちた社会主義経済のイメージは、

1. プロレタリアート独裁ではない。
2. 言論の自由が保障されている。

　同じものを見てある人は資本主義経済と言い、また別の人は社会主義経済という。戦後の日本の経済体制がまさにそれであったのだが、しかし、マルクス主義とは全く関係のない、むしろマルクス主義の対極から生まれた経済体制である。マルクス主義とは似て非なるものである。

（2009 年 7 月）

17. マルクスは生きている

　過日の読売新聞に、読売新聞特別編集委員の橋本五郎氏による書評が掲載されていた。前共産党委員長・不破哲三著『マルクスは生きている』（平凡社）についてである。
　曰く「不破氏らしい明晰さで、マルクスの現代的意味を3つの側面から解説して、説得力がある。しかし他方で、ならば何故、共産主義が世界の主流にならないかという疑問に逢着、60年前の小泉信三『共産主義批判の常識』（新潮社）を改めて読んでみる。そこにはマルクス主義の根幹にかかわる問題点が実に平易に描かれている。両書を読むと、マルクスの原点に挑戦してみたい気持ちにさせられる」云々と。
　私はこれを読んで、何だ、読売新聞特別編集委員の肩書きを持つ、橋本氏さえ、まだ資本論を読んでないのか、という驚きを禁じ得なかったと同時に、未だにマルクスに対する評価を決めかねている事がよくわかった。しかし、短い書評ではあったが、橋本氏の正直な人柄が現れていると思う。それはともかく、氏の書評に促されて、私も「マルクスは生きている」を読んだ。その感想を少々。
　ソ連が崩壊した18年前（1991年）は、全くの音無しであった共産主義シンパから、昨今の世界的な経済恐慌を境に、またぞろ息を吹き返したように、マルクス再評価を訴える著書が出版されだした。不破哲三著もその例外ではない。本来マルクスが正しかったのか、誤りであったのかは、ソ連が崩壊したから、アメリカの金融資本主義が崩壊したから、と言って評価がグラグラするようなものではないはずだ。しかし世間というのはそんなところであろう。
　『マルクスは生きている』は次のように、テーマを大きく3章に分けて書かれている。

第1章　唯物論の思想家・マルクス
第2章　資本主義の病理学者・マルクス
第3章　未来社会の開拓者・マルクス

第1章から順を追って感想を述べてみよう。
　まず、読者が唯物論者か観念論者かを判別する為に3つの質問をしている。

　　質問第1「あなたは、人間が生まれる前に、地球があったことを認めますか」。
　　質問第2「あなたは、人間がものを考えるとき、脳の助けを借りていると思いますか」。
　　質問第3「あなたは、他人の存在を認めますか」。

　そして、3問とも「イエス」なら、唯物論者であると結論づける。
　何とも乱暴な誘導尋問だ。私は3問とも「イエス」だが、唯物論者ではない。
　それでは私は次の3問を出してみよう。

質問第1「あなたは、宗教を認めますか」。
質問第2「あなたは、天安門事件を是認しますか」。
質問第3「あなたは、生命を見たことがありますか」。

　質問第1の答えが「認める」の人は、マルクスの側（唯物論者）ではない。
　質問第2の答えが「是認できない」の人は、中国共産党の側（唯物論者）ではない。
　質問第3の答えは、ほとんどの人は「いいえ」であろう。
　自分の生命さえ見たことはない。しかし、無いのかというと断じてそん

なことはない。喜怒哀楽、地獄・餓鬼・畜生、等、生命は種々に変化して一時も止まってはいないのだが、見せてくれと言われても、とまどうだけでそれを他人に見せることは出来ない。顕微鏡を持ってしても見ることは不可能である。生命は単純に、物か、心かでは説明できないのである。

　私がここで言いたいことは、質問の出し方により、答えは如何様にも左右されるということである。自分に都合の良い結論が先にあって、それを導くのに都合の良い質問を、誘導尋問という。不破氏の強引な性格を髣髴とさせる論理の展開である。

　第2章「資本主義の病理学者・マルクス」の中で、不破氏は、マルクスは「搾取」の秘密を解き明かした、と言って資本論の「剰余価値論」を取り上げている。これはこの随筆でも何度も取り上げた中心的テーマであるので、ここでは繰り返さないが、一言で言うなら「剰余価値には、プラスもあれば、マイナスもあるとしなければ、資本主義社会は説明できない」と言うことだ。

　それを認めなければ、先のGMの倒産も説明できない。そして、それを認めると「搾取」そのものが不偏の公理ではなくなり、資本論で使われている、不変資本、可変資本という用語の定義にも矛盾が生じ、資本論の骨格が崩れてしまうのである。

　次に「地球温暖化」というマルクスの時代には無かったテーマを大々的に取り上げる。そしてこれは、資本主義社会において構造的に避けがたい問題であり、資本主義社会に責任がある、と言わんばかりである。

　実際の所、地球温暖化が問題視されだしたのは、ほんの10年、20年前からである。それまでは誰もそんなことに気が付いていなかったと言うのが、本当のところだろう。その地球温暖化の問題を資本主義社会だけの責任にするのは、如何なものであろうか。

　たまたま後進国だったが為に、CO_2 の排出量が少なかったかもしれないが、今や、中国の CO_2 排出量は世界のトップクラスである。このような不破氏の無茶苦茶な話を聞くと、ソ連がまだ元気な頃、「資本主義国の

核実験は悪であるが、共産主義国の核実験は正義である」等という馬鹿げた詭弁を思い出さずにはおれない。

共産主義社会になりさえすれば、階級と矛盾が無くなり、人々は皆明るく健康的に暮らせるようになり、理想的な社会になると言うが、そんなに簡単な事ではなかった事は、ソ連の崩壊を見て明らかになった。

ましてや、マルクスの時代には考えられなかったこと、つまり、資源の枯渇、地球温暖化、人口の増加と食料・水の不足、テロ、これら新たな問題は、共産主義社会になれば解決すると言う問題ではあるまい。

第3章において、不破氏は、「ソ連はマルクスの予言した共産主義社会ではなかった」と切り捨てた。レーニンはマルクスの理論を踏襲していたが、スターリンになってからすっかり変わった。「ソ連社会は、覇権主義と専制主義を特質とする、社会主義とは無縁な人民抑圧型の社会であった」と。

たった1人の指導者の交代で、悲惨な人生を余儀なくされた、あまたの人々にとって、こんな総括は何の慰めにもなるまい。将来も第2、そして第3、第4のレーニンが出た後で、第2、そして第3、第4のスターリンが出ないと言う保証は全くないのである。

それよりも、第2のスターリンが出たときに、それを引きずり下ろすことの出来る体制を確保しておくことの方がより大切でなかろうか。つまり「言論の自由」は最低限、保証されねばならないし、一党独裁では「言論の自由」が保証されているとは言えないであろう。

不破氏はソ連を一刀両断に切り捨てる一方で、中国共産党には、エールを送っている。曰く「ソ連解体という世界的な波乱の中で、社会主義をめざす国ぐに……中国、ベトナム、キューバが存在し、大きな発展の道を進んでいることは、世界の発展にとって重要な意義をもっています。そして、近年における中国の経済成長はいちじるしく、GDPの比較ではドイツを抜いて世界第3位になった」云々と。

キューバについては、この随筆の「13. キューバ革命50年の現実」で

言及したとおり、共産主義体制がこのまま順調に続いて行くとは思えない。ベトナムもベトナム戦争後の復興は著しいが、隣国で同じ共産主義を掲げる中国と紛争に陥ったりして前途多難である。

たまたま高度経済成長の時期にある中国をさして、共産主義の未来に希望があるように語っているが、そもそも、中国も共産主義体制に行き詰って、「ねずみを取るのは黒い猫でも白い猫でも良い猫だ」（鄧小平）とか言って市場経済に踏み切り、活路を見出したのではないか。不破氏の論理の展開は、究極のご都合主義だ。

今の中国共産党を見て、マルクス自身は「中国は良くやっている」と言うのか、それとも「中国がマルクス主義であるならば、私はマルクス主義者ではない」と言うのか、どちらであろうか。政治は一党独裁の共産主義、天安門事件を見る限り、言論の自由が有るとは思えない。経済は国有財産を払い下げ、株式市場をオープンしての資本主義経済を邁進しているのである。

確かに、マルクスは未来社会に対して具体的な青写真は、ほとんど描いていない。それは後の時代の人にゆだねるべきだと言ったという。この点から言えば今後の共産主義社会は、広範囲な時間的、空間的、様式的、制度的な選択肢が残されていると言うことだ。そして何十年か実行してみて、いよいよ都合が悪くなったら「それは、マルクス主義ではない」と言えばよい。この論法で行く限り、確かにマルクス主義は死なない。「マルクスは生きている‼」であろう。

(2009年8月)

18. ビートルズとマルクス

　私は先のバックパッカーツアーで、ビートルズとマルクスに縁のある土地を訪ねた。しかし、この時はまだビートルズとマルクスに何らかの関係があろうとは、夢想だにしては居なかった。本論に入る前に、まず、その時の旅行記を抜粋してみる。

　9月16日（水）晴れ
　私がリヴァプールに立ち寄ったのは、他でもない、ビートルズの匂いを感じたかったからである。彼らのCDは持っているし、歴史は何度も放送されて大体知っているし、グッズが欲しいわけでもない。ただ彼らの育った町の風を体感したかったのだ。ビートルズ・ストーリー（Beatles Story）という大きなミュージアムまで行ったが、入場料が12.50ポンド（約2000円）だと言われて入場を止めた。
　次に、彼らが無名時代から出演していた、キャヴァーン・クラブ（The Cabern Club）を目指した。マシュー通り（Mathew Street）にあると言うが、その通り自体が、普通の地図には載っていないような、狭い路地で、通りの長さも200m位しかないため、なかなか探し出せなかった。
　行ってみると、この通りにはビートルズ関連の店が幾つもあった。中でも来て良かったと思ったのは、キャヴァーン・クラブである。現在のそれはリニューアルされた物だが、それでも地下の薄暗いクラブは、十分にビートルズ時代の雰囲気を残していた。ここを訪れることが出来て、私は満足だった。

　9月27日（日）晴れ
　地下鉄を乗り継いで大英博物館へ。カール・マルクスは、大英博物館

内の図書館に通って資本論を書いた。その図書館に行ってみたかったのである。大英博物館の玄関で、案内人兼警備係のような人にその旨を告げると「現在はそこで別の展示が行われており、図書館を見ることが出来ません。この展示は数年続きます」と、なんとも残念な返事。意気消沈して宿舎に戻りベッドに潜り込む。午前10時にYHAを出て、午後2時過ぎまで、4時間余りほっつき歩いた事もあり、へとへとであった。

10月1日（木）晴れ

今日は、まずカール・マルクス（Karl Marx）が住んでいたと言う家を訪ねた。地下鉄でトッテナム・コート・ロード駅（Tottenham Court Road）まで行き、地図を頼りに訪ね歩く。丁度その辺りに来た時、外人さん一行に、なにやら説明しているガイドさんが居た。

「この辺に、カール・マルクスの家があると思いますが」と聞くと「そこの3階に旗が出ていますが、そこがマルクスの住んでいた所です」と教えてくれた。行って見ると、壁にマルクス（MARX）の文字が。中を覗くとレストランになっていて、若い男が居た。

「こちらに、100年前、カール・マルクスが住んでいたようですが、中を見せて頂けますか」と言うと、いかにも戸惑ったように、「見るだけならどうぞ」と言って3階を案内してくれた。広い方の部屋は大きなテーブルに食器が並べてあり、いかにもレストランであった。

「手前の狭いほうも見せてください」と言うと、「私の考えているマルクスと、あなたの言っているマルクスは、違う人だと思いますよ。私は仕事があるから、下に行かなければ」等と言い出した。私もこれ以上は粘れないと思い、彼と一緒に階下へ下りていくと、店の責任者らしき男が居た。

彼は若い方の男から事の経緯を聞いて「確かに此処は、カール・マルクスが住んでいた所です。しかし今は持ち主も変わっており、彼が住んでいた痕跡は、何も残っておりません」と言っていた。そこは、ソーホー・スクエア（Soho Square）と言う小さな公園からすぐの所で、大

英博物館にも歩いて15分ぐらいの所であった。マルクスは此処から大英博物館の図書館に通っていたのだ。

以上が旅行記からの抜粋である。

この随筆集の主題からして、マルクスが登場することは当然だとしても、ビートルズが出てくる必然性は全く考えられなかった。多分読者諸兄も同感だと思う。

しかし、先ほどＮＨＫ・ＴＶの録画を見ていたら、2009年のBBC制作のドキュメンタリー「クレムリンを揺るがせたビートルズ」（How the Beatles Rocked the Kremlin）を放映していた。この作品のディレクターは、ジャーナリストのレスリー・ウッドヘッド氏である。

この中で、ソビエト連邦が崩壊した今だから言えたであろう話が、数多く取材されていた。以下はその中のインタビュー集である。

1. ビートルズは数千万人という、ソ連の若者の意識を変えました。「自分たちは、とんでもない国に住んでいる。今とは違う生き方を見付けなくてはいけない」と、気づかせたのです。

2. ビートルズによって全てが変わりました。暗い部屋の重い扉が開いたのです。悪の帝国を崩壊させることが出来たのは、全てビートルズのお陰です。共産主義を滅ぼし、ソ連を変えたのはゴルバチョフではありません、ビートルズですよ。彼らがきっかけとなって西側の文化が流入し、文化の革命が起こったことでソ連が崩壊したのです。鉄のカーテンに最初の風穴を開けたのはビートルズの歌です。

3. ビートルズは、大衆そのものを脅かす危険なブルジョアと見なされていました。ビートルズの自由な精神はソ連の国内に新しい風を吹き込みました。とてつもない影響力を持っていたのです。私はビートルズの音楽を聴き、心が救われました。国家に縛られずに済んだのです。

4. 冷戦時代、ビートルズの演奏は、許されませんでした。当局がビートルズの影響を恐れて、抑圧したのです。西側の核ミサイルの驚異

や、反共プロパガンダより、遙かに大きな影響をクレムリンに与えました。ビートルズというウィルスに感染した人々が、ビートルズをまねたコピーバンドを次々に作り出しました。

5. ソ連が崩壊する前は、常に恐怖を抱えて生きていました。体制の締め付けは本当に凄まじいものでした。当局の徹底的な弾圧で、私達は好きな音楽を聴くことも出来ませんでした。人前で少しでもビートルズの事を、褒めたりしたら逮捕されていたでしょう。

6. 当局は、西側文化の汚染源としてビートルズのレコードの国内持込を禁止しました。自警団が通りをパトロールして、ロックンローラーを摘発します。髪の毛を長く伸ばしている若者は、短く剃り落とされました。空港ではレコードが違法に持ち込まれないよう警察が目を光らせていました。手荷物からビートルズのレコードを見付けると、傷を付けてダメにしました。

7. そこでビートルズファンは、外国放送に周波数を合わせてビートルズの演奏を録音し、それを使用済みエックス線写真の、ペラペラのフィルムを使って海賊版コピーを作成しました。胸部の肋骨が写っているフィルムだったので、肋骨レコードと言っていました。当然売買は禁止されていましたが、ブラックマーケットが急成長して、そこの闇値では、1枚3ルーブル（約10円）でした。当局は、常に密告者を組織してレコードを売買した者を捕まえようとしており、見つかったら大学を退学させられました。

8. 1961〜62年に掛けては、明るいニュースがありました。人類初の宇宙飛行士、ユーリ・ガガーリンの誕生。ロマンに満ちたフィデル・カストロによる、キューバの共産主義革命が成功。カリスマ性のある指導者、ニキタ・フルシチョフが「20年以内に、アメリカを葬り去り、理想的な共産主義社会を確立する」と約束。我々ソ連の国民は、共産主義国家に誇りを持ち、気分を良くしていました。

9. しかし、1964年にフルシチョフが失脚してからは様相が一変しました。ブレジネフ等による集団指導体制で、長い停滞の時代が始まった

のです。ビートルズの音楽がソ連に入ってきたのは、その頃でした。ビートルズが、ソ連であれほどの現象を巻き起こしたのには、理由がありました。時代にうまく合った音楽が、完璧なタイミングで入ってきたからです。

　10．政府は国民が自由を手に入れることを恐れていました。私達はビートルズが鉄のカーテンに作った、秘密の風穴から息を吸っていました。ビートルズは、まるで宗教のようでした。暗くて退屈な生活に差し込んだ一筋の明かりでした。心の中で静かに起こった神聖な革命だったのです。

　11．1980年代に入ると、停滞した政治は、都会に住み、将来を約束された高学歴の若者達さえも、一世代丸ごと共産主義の母国から引き離しました。彼らは共産主義者のふりをしながら別の人間になり、別のライフスタイルを求めていたのです。

　12．1985年に大統領に就任した、ゴルバチョフは次のように言いました。「ビートルズは、ソ連の若い世代に祖国とは違う世界が有り、自由があることを教えた。その思いがペレストロイカ、そして外の世界との対話へと向かわせたのだ」と。

　13．2003年5月24日、ポール・マッカートニーが赤の広場に来てライブ演奏を行いました。それはまるで大規模な宗教の式典のようでした。ビートルズが大国に革命をもたらしたのです。

以上がドキュメンタリーからのインタビューである。

ソ連当局は、ソビエト共産主義体制を崩壊させた、ビートルズという名のウィルスの侵入と伝播を食い止めることが出来なかった。あたかも昨今の新型インフルエンザの国内侵入を空港で食い止める、所謂「水際作戦」が功を奏さなかった様に。ウィルスは電波に乗って国境を軽々と越えてきたのである。そして、その強力なウィルスは、サンクトペテルブルグ、ウクライナのキエフ、ベラルーシのミンスクへと、ソ連国内の至る所にあっという間に伝染していった。

インタビューの中では、ゴルバチョフに対する評価が極めて低いが、私の見方は少し異なる。つまり卵がふ化する時、親鳥は殻をつついて雛が外へ出て来やすくすると言われる。ゴルバチョフは、この殻をつつく役割を果たしたと思うのである。ビートルズの役割はどんなに評価しても、し過ぎることは無かろうが、このように考えればゴルバチョフにも、一定の評価を与えて良いのでは無かろうか。

「殻を突っついて割るのは今だ」と判断したこと。そして勇気を持って殻を割ったこと。民衆の機根を読み、時を選択することの難しさは、その重要さと相まって、誰にでも出来る役割ではないと思うからである。

一方、マルクスは草葉の陰で何を考えているのであろうか。ソ連の共産主義も、ビートルズも「アッシには関係のないことでござんす」と思っているのか、ソ連の共産主義の現実も、ビートルズの役割についても「そこまでは、考えが及ばなかった」と言って、幾らか責任を感じているのか、聞いてみたいものである。

しかし、どちらにしても没後100年先のビートルズと言う新型インフルエンザのことまでは、考えが及ばなかったであろう。もっとも、その前に、言論が封圧された共産主義国家の出現さえ、想定しては居なかったであろうが。

資本論では、剰余価値の生産を論ずるに当たり、その前提条件として、特殊なことは捨象し、平均化し、単純化して、社会的平均労働に還元して叙述している。したがって、音楽や絵画等の芸術の価値については全く論じられていない。言論と表現の自由が統制されていたソ連において、ビートルズの果たした役割に思いを致す時、資本論の前提条件からして、問題を孕んでいたことを認めざるを得ないのである。

マルクスは、「宗教は阿片」と切り捨て、精神的自由の重要性について、資本論では全く論じていない。その結果、国民から「言論と表現の自由」を取りあげて、規制し弾圧までして体制を維持していた国家・ソ連が、ビートルズと言う「自由の風」に吹かれて崩壊したのは、教訓的である。

私の結論をまとめると次のようになる。

①恐慌論：
　資本主義社会の、そして自由主義社会の宿命として、避けては通れない道であろう。英知を出し合って如何にその被害を小さく抑えるかに、腐心するしかあるまい。しかしこれは何もマルクスが発見した論理でも、公式でもない。これは、人間が生まれながら持っている、欲望が原因となって必然的に過剰生産や、価格高騰によるバブルが発生し、そして今度は、その結果として必然的にバブルの崩壊へ行き着くからである。

②史的唯物論：
　経済が社会の下部構造をなしていることの説明に、唯物論を持ち出したようだ。唯物論で相当程度のことまでは説明できるが、全ての事象が説明できるわけではない。

③搾取論、剰余価値論：
　資本主義社会に普遍的な論理とは言えないが（詳細は本書後編「資本論分析」参照）、社会状況によっては当てはまる時期もある。一部の富裕層と多くの貧困層との経済格差が大きくなった時、この論理が正しい公式のように思える。

④共産主義社会：
　この具体的青写真はマルクスによって提示されていない。したがって、ソ連のように70年間の実験の後で、失敗し、崩壊したら「これは、マルクスの言う共産主義社会ではなかった」と言って今後の共産主義革命に希望を繋ぐことが可能である。

　こうして、マルクスは資本主義社会が経済的危機に陥るたびに、息を吹き返してくる。マルクスに希望を託し「マルクスは生きている」と思いたい人が出てくるのである。

　しかし、真実は、共産主義にも、資本主義にも味方しないようだ。資本主義社会を批判して共産主義を提唱したマルクス、しかし、その共産主義の理想も、人間自身の中に潜む矛盾に立ち往生して挫折を余儀なくされた。

結局我々は、両者の弱点・欠点を認めて、真摯な気持ちになって政治経済に取り組んでいく事が肝要であろう。どんな体制にしても、人間の内なる矛盾を克服できないで、理想を追い求めても、それこそ空想的社会でしかないのだから。
　前出の三田氏は次のようにも言っている。

　「わたしはこの本を、マルクス主義の宣伝のために書いているわけではない。といって、マルクスの批判のために書いているわけでもない。貧富の格差をなくし、大貧民を救済するのが、マルクスの理念であった。その理念そのものが間違っていたとは、わたしは思わない。ただ理念を実現するための方法論にまちがいがあったのだろう。つまりマルクスには、何かが欠けていたのだ」(『マルクスの逆襲』p.35)

そう言いながら、「方法論のまちがい」には最後まで言及することなく終わっているのは残念であった。しからば方法論の間違いとは何であったのか。ここで私はその結論だけを述べておきたい。

　① 生産過剰と価格の高騰によるバブルの崩壊は、経済恐慌に行き着く。これは、資本主義経済にとって、ほとんど不可避の問題である。この現象と、剰余価値論を巧みに組み合わせて、共産主義革命を正当化した。しかし、真実は、剰余価値論に普遍性が無く、共産主義社会への蓋然性はあっても、必然性はないのである。
　② プロレタリア独裁とは、マルクス主義において共産主義にいたる過渡期に必要である、といわれた政治形態である（「ゴータ綱領批判」）。しかし、プロレタリア独裁を正当化することにより、独裁者の出現を容易ならしめる環境を醸成した。そして、この独裁によって他者の言論を封殺し、従わないものを文字通り死に追いやってしまった。これがマルクス主義における最大の汚点であろう。
　③ やがて革命の正義に疑問を感じるようになり、労働意欲が減退し

てくる。平等を唯一の理想に掲げるマルクス主義社会では、労働の意欲をかきたてる、競争の原理も働かない為、マルクスが理想とした「豊で平等な社会」ではなく、「貧しくて平等な社会」に陥っていく。

されば、資本主義社会の分析において、マルクスは、搾取論、剰余価値論等を編み出した。しかしこの理論は、当てはまる時と当てはまらない時があって普遍性がない。マルクスの時代はこの理論が当てはまり、資本主義経済では、あたかも例外のない法則のように見えたのである（これは理論的誤りになる）。

そこで共産主義革命を正当化して、労働者を扇動し、革命後はプロレタリア独裁を正当化したのである。これが、マルクス主義における方法論の誤りといえるであろう。

資本論には論理的に欠陥があるものの（もっとも、論理的欠点があることは、まだ多くの人には共有されていない）、マルクスの平等理念には共感できるところが多い為、資本主義社会が恐慌に陥って、行き詰まったり、貧富の格差が大きくなって不満を感じる貧困層が増大したりするたびに、マルクス主義が息を吹き返してくる。将来もまたそうなるであろう。

しかし、これらの誤りをきちんと清算することなく、マルキシズムの復権を待望するような軽々しい発言は慎みたい。逆に我々は、そろそろ「マルクスの呪縛」から解き放たれて良いのではないだろうか。

マルクスの犯した間違いは何ら解決されないままで、「マルクスの逆襲」を認めることは、飛躍のしすぎではないか。それではまた今までのマルクス主義者と同じまちがいを繰り返すだけであろう。

（2010年1月）

19. トマ・ピケティの『21世紀の資本』を読んで

　本書のゲラを校正している最中に、予約していたトマ・ピケティの『21世紀の資本』（山形浩生他訳、みすず書房、2014年）が手に入った。最近、新聞に書評が載り、世界中で大変な評判になっている本だと言う。ともかく、一読してみようと言う事だ。手にしてから1週間。私なりの読後感を書いてみたい。ピケティ分析は広範囲に及んでいるので、様々な観点から、様々な感想や議論が出てこようが、ここでは、マルクスの資本論に関連した事に絞っている。

　しかし、『21世紀の資本』はマルクスの資本論にはほとんど言及していない。正確に言うと、700頁余りの大作の中に、僅かに3箇所に出てくるだけである。

1. 無限蓄積の原理（p.8～14）
2. 利潤率の低下（p.56）
3. 再び利潤率の低下（p.236～39）

少しだけ引用してみる。

1. 無限蓄積の原理（p.8～14）
　　「たしかに共産主義革命は起こったが、でもそれは産業革命がほとんど起きていない、ヨーロッパの最後進国だったロシアで生じたものであり、ほとんどのヨーロッパ先進国は他の社会民主主義的な方向性へと向かった」
　　「マルクスはおそらく、1848年〔共産党宣言を発表〕に自分の結論を決めてしまっており、その結論を正当化するように研究を進めたのだ。マルクスは一目見てわかる通り、すさまじい政治的な熱意を持って書い

たので、拙速な断言いろいろやってしまった」（傍線と〔 〕は引用者、以下同じ）

「さらに、資本の私的所有権が完全に廃止された社会〔つまり共産主義社会〕が、どんなふうに政治的、経済的にまとめられるのか、という問題についてはほとんど考えなかった。これは、何とも言いようがないほど複雑な問題であり、そのむずかしさは資本の私的所有権が廃止された国家〔ロシア〕で実施された、悲劇的な全体主義実験を見てもわかる」

「こうした制約にもかかわらず、マルクスの分析はいくつかの点で、いまだに有意義なものだ。まず、出発点〔いわゆる資本の本源的蓄積〕となる問題は重要だ。
　もっと重要な事として、マルクスが提案した無限蓄積の原理〔資本主義的蓄積の一般法則〕には重要な洞察が含まれており、これは19世紀と同じく21世紀の研究でも有効である。
　特に、1980年代から1990年代以来、ヨーロッパの富裕国や日本で実現された、極めて高い水準の民間財産水準は、マルクス主義の論理をそのまま反映したものだ」

2. 利潤率の低下（p.56）
　「資本収益率は多くの経済理論で中心的な概念となる。特にマルクス主義の分析は利潤率がだんだん低下すると強調する。この歴史的な予想は全くまちがっていたが、おもしろい直感がここには含まれている」

3. 再び利潤率の低下（p.236～39）
　「マルクスにとって『ブルジョワが墓穴を掘る』おもなメカニズムは、私が『はじめに』で『無限蓄積の原理』と称したものに起因するメカニズムだ。資本家たちがかつてない量の資本を蓄積したことが、結局は否

応なく収益率(すなわち資本収益)を低下させ、最終的には投資家自身の転落を招くということになる。マルクスは数学的モデルを使わなかったし、かれの散文は必ずしもわかりやすくなかったので、マルクスの考えについては断言しにくい」

この様に、ピケティはマルクスを批判しつつもマルクスの考え方に一定の理解を示している。そして、「必ず共産主義社会になる」と言う歴史的な予想は間違いだったと言いつつ、「利潤率の傾向的低落の法則」の正否については断定を避けている。

マルクスの資本論は、資本家と労働者の対立、即ち資本家による剰余価値の搾取を基本に論じているが、ピケティは、所得階級を上流、中流、下流と3段階に区分して、上流階級と下流階級との所得格差を論じている。マルクスの時代は中流階級が存在しなかったのか、中流階級には言及していない。逆に、ピケティは剰余価値論には全く言及していない。

さて、マルクスとピケティは偶然、互いに2つの法則を資本主義経済の中に発見している。

　マルクス
　その1：資本主義的蓄積の一般法則(不変資本の相対的増大と可変資本の相対的減少)
　その2：利潤率の傾向的低下の法則($P' = m / C$)

マルクスが発見した2つの法則については、本書の後編「資本論分析」で検証し、結論としてそれが誤っていた事を証明した。ピケティの2つの法則は如何であろうか。

　ピケティ
　その1：資本主義の第1基本法則($\alpha = r \times \beta$)(p.56〜60)

ここで、
　r＝資本収益率（資本所得÷投資された資本価値）例えば5％
　β＝資本／国民所得（資本は国民所得の何年分蓄積されているか）例えば600％
　α＝資本所得÷国民所得（国民所得における資本所得のシェア）例えば30％
　国民所得＝資本所得＋労働所得

従って、第1基本法則（$α = r × β$）は次のように置き換えられる。

　資本所得÷国民所得＝（資本所得÷資本）×（資本÷国民所得）

この式は純粋な会計上の恒等式だから（右辺は左辺を変形させたものだから、右辺の分母子を資本で約せば左辺と同じになる）証明は不要である。従って、歴史上のあらゆる時点のあらゆる社会に当てはまる。
　この式の意義は、資本主義システムを分析するための3つの最重要概念の間にある、単純で明確な関係を表現した事にある。その3つの最重要概念とは、上記の繰り返しになるが次のようである。

　資本／所得比率（$β$）
　所得の中の資本シェア（$α$）
　資本収益率（r）

その2：資本主義の第2基本法則（$β = s / g$）（p.173〜179）

ここで、
　β＝資本／国民所得（資本は国民所得の何年分蓄積されているか）例えば600％
　s＝貯蓄率、例えば12％

g＝成長率、例えば2％
国民所得の総成長率＝1人当たりの成長率＋人口増加率

従って、第2基本法則（$\beta = s/g$）は次のように置き換えられる。

資本÷国民所得＝貯蓄率÷成長率

　第2基本法則の意味は、たくさん蓄えて、ゆっくり成長する国は、長期的には、（所得に比べて）莫大な資本ストックを蓄積し、それが社会構造と富の分配に大きな影響を与える。
　但し、この法則が成立するには次の3つの前提条件があるとピケティは言う。

　①「この法則は、漸近的、つまり長期的〔数十年〕に見た場合のみ有効。また、この法則は動的プロセスの結果であり、経済が向かう均衡状態を表しているが、この均衡状態が完全に実現することはない」
　②「第2法則が有効なのは、人間が蓄積できる資本に注目した場合だけである。国民資本の相当部分が、純粋な天然資源〔例えば豊富な産油国〕なら、βは貯蓄の恩恵を全く受けなくても、非常に高くなる」
　③「第2法則が有効なのは、資産価格が平均で見て、消費者物価と同じように推移する場合だけ。不動産や株の価格が他の物価より急速に上昇すると、国民資本の市場価値と、国民所得の年間フローとの比率βは、新たな貯蓄が加わらなくても非常に高くなりかねない。しかし、価格変動が長期的にならされるなら、第2法則は必ず成り立つ」
　「第2法則は、世界大戦や1929年の危機（極度のショックの例とされる出来事）を説明できないし、資本／所得比率に対する短期的ショックも説明できない。だが、ショックや危機の影響が無くなった時に、資本／所得比率が長期的に向かう潜在的な均衡水準は教えてくれるのだ」

ピケティの第１法則は単に会計的な公式であるから、資本主義に特有の法則と言うものではない。ましてや、彼が発見した法則でもない。第２法則は、前提条件が満たされた時にのみ成立するものだから、かなり限定的であり、慎重に運用しなければならない。前提条件①では、「この均衡状態が完全に実現することはない」と言い、前提条件③では「第２法則は必ず成り立つ」と言っている事に矛盾を感じるが、これは数字が常に動いているから、左右の数字が完全に一致することはないが、「限りなく一致に近づいて行く」と言う事であろう。

　実は、ピケティの『21世紀の資本』で特筆すべきは、上記の２つの法則よりも、むしろ「基本的不等式：$r > g$」である。(P.27～30)

　ここで、rとgは以下のようである。
　　r＝資本収益率
　　g＝その経済の成長率、つまり所得や産出の年間増加率

　ピケティはこの基本的不等式を、<u>**論理的必然**</u>ではなく、<u>**歴史的事実**</u>と考えている。それ故、この不等式には「法則」の称号が与えられていない。しかし、ピケティは歴史の中からこの「基本的不等式$r > g$」を発見し、発見した後は、この不等式を使って資本主義社会における「格差の拡大する傾向性」を論じている。

　世界的趨勢として、高度成長期にgの値は大きくなり、安定期に入るとgの値は小さくなる。また、二つの大戦が有った時、資本が減少してrは小さくなった。だから、戦後の一時期この不等式が通常とは逆の$r < g$となる事が有った。しかし、特別な時期を過ぎると、不等式はいつも$r > g$である。

　日本人が総中流と言われた高度成長時代、つまり、日本にこそ理想的な

社会主義があるとロシア人に言わしめた時代、日本は富裕層の資産への課税率が高かったため、格差が小さく成長率も高かったのだとピケティは言う。

　富（stock）と所得（flow）の2面から格差の推移を観察すると、資本主義社会では、所得に累進課税を課すだけでは、格差は広がるだけであり、格差を広げない為には、富にも累進課税を課すべきである、と言うのがピケティの主張である。

　『21世紀の資本』に関しては、多くの関心が寄せられ、既にいくつかの問題点が指摘されている。例えば、結論に都合のよいデータを使っている。推論の方法に誤りがある等である。しかしピケティは、それらの幾つかを認めつつも、結果は変わらないと言う。

　彼は格差拡大の傾向を強調してその対策として、資産課税を提唱している。しかしこれは、政治的な要因も多く孕んでいるため、その傾向性を表示するだけで、後は読者の判断にゆだねると言う穏健な論調を展開している。従って、「共産主義の到来が必然である」かの如く説いたマルクスの資本論ほどのインパクトは無いが、しばらくの間は、注目されて行くであろう。

　格差問題をテーマとして論じれば、どうしても富裕層より、貧困層に味方する論調になってしまう事はやむを得ないが、本書でも随所にそういう部分が出てくる。例えば、スーパー経営者（スーパーの経営者ではなく、大企業のCEO等の事）が得る高額報酬は、リーズナブルであるか？　ハーバード大学で学ぶ両親の平均所得は、米国の所得階層でトップ2％に入っている。これは、教育の機会均等、能力主義と言う建前に合致していると言えるのか？　等である。私が読後に感じる心地よさは、ピケティが「社会正義とは何か」を問題提起した事と無縁ではない。

　格差問題は富裕層には耳の痛い話で、あまり話題にしたくないかもしれない。しかし、歴史をひもとけば、格差は資本主義時代に限らず、封建時代も、奴隷制時代も、必ず自明のものであった。その格差を無くそうとし

たのが共産主義であるが、それは悲劇的な全体主義の実験に終わってしまった。人間に欲望という本能がある限り、残念ながら格差は無くなりそうもないのである。

(2015年1月)

＜後編＞　資本論分析

はしがき

　資本論では、資本主義社会の没落とともに、共産主義社会への必然性を説いているが、現実の欧米先進国、並びに日本の社会を見るとき、どうも、それは当たっていないようである。
　精密無比と言われる資本論にも何か理論的欠陥があったのではなかろうか？　そういう疑問が私の念頭を去らなくなった。これが資本論を手にするようになった動機である。
　日頃、経理事務に従事しているため、会計理論的視点からの分析・論述が多くなっているが、それはまた本書の特徴ともなっていよう。

　本論は第Ⅰ部と第Ⅱ部とに分かれており、第Ⅰ部では、「共産主義の到来は歴史的必然か」という点に焦点を置いて述べ、結論として、共産主義への必然性はなかったことを証明している。

　そして第Ⅱ部では、共産主義社会と資本主義社会との対比をしつつ進め、結論的には、それらの相違点よりもむしろ類似点が多いことを指摘している。

　読者諸兄の暖かいご指導ご意見をいただければ幸いである。

第Ⅰ部　共産主義の到来は歴史的必然か

第1章　資本論の前提条件〔製品は予定通りに売れると仮定する〕

(1) 3種類の前提条件

　資本論を分析する際にまず重要なことは、その全体像を正確に把握することである。資本論の全体像を一言で言うなら、次のように言えよう。つまり、

"資本論は多くの「前提条件」の上に、いくつかの「基本命題」を掲げる方法で、資本主義社会の必然的没落を証明するという構造になっている。"

　これを建物に例えれば、前提条件が土台で、基本命題が柱に相当する。建物が大きければ大きいほど、土台はしっかり固めておかなければならないし、柱も強靱でなければならないことは言うまでもない。

　そこでまず前提条件の検討から始めよう。資本論における前提条件は各章に沢山あるが、ここでは3種類の代表的なものを紹介しよう。

　　＜前提条件その1＞………単純化
　「どの価値形成過程でも、より高度な労働は、つねに社会的平均労働に還元されなければならない。たとえば1日の高度な労働は、X日の単純な労働に。つまり資本の使用する労働者は、単純な社会的平均労働を行うという仮定によって、よけいな操作が省かれ、分析が簡単にされるのである」（第1巻 p.213）〔資本論のページは、マルクス・エンゲルス主義研究所編集の『マルクス・エンゲルス全集』（ディーツ社発行）1962年発行による〕

　　＜前提条件その2＞………捨象化
　「これらの形態を純粋に把握するためには、さしあたりは、形態転換そのものにも、形態形成そのものにも、なんの関係もない契機をすべて

捨象しなければならない。それ故、ここでは、商品はその価値どおりに売られる、と言うことが想定されるだけではなく、この売りが不変の事情のもとで行われる、と言うことも想定されるのである。したがって又、循環過程で起こることがあり得る価値変動も無視されるのである」（第2巻 p.32）

　＜前提条件その3＞………平均化
　「それぞれ違った量の生きている労働を動かす諸資本が、それぞれ違った量の剰余価値を生産するということは、少なくともある程度までは次のことを前提している。すなわち、労働の搾取度または剰余価値率が同じだということ。または、そこにある相違が現実的または想像的（慣習的）な保証理由によって、平均化されたものと見なされるということである。このことは労働者たちのあいだの競争を前提し、また、ある生産部面から他の生産部面への、労働者たちの不断の移動による平均化を前提する」（第3巻 p.184）

以上のとおり、3つの前提条件を紹介したが、いずれも理論を簡単化するためのものである。また偶然そうなったのであるが、＜前提条件その1＞は資本論第1巻に、＜前提条件その2＞は資本論第2巻に、＜前提条件その3＞は資本論第3巻に述べられている。これは資本論全体が一定の前提条件の上に、理論構築されていることを示している。
　更にマルクスは、理論と現実との関係について、次のように述べている。

　「理論では、資本主義的生産様式の諸法則が、純粋に展開されるということが前提されるのである。現実にあるものは、いつもただ近似だけである。しかしこの近似は資本主義的生産様式が発展すればするほど、そして以前の経済状態の残り物による資本主義的生産様式の、不純化や混和が除かれれば除かれるほど、ますます進んでくるのである」（第3巻 p.184）

はたしてマルクスの確信は現実のものとなったであろうか。次にその検討を行いたい。

(2) 前提条件の検討

＜前提条件その１＞………単純化（複雑労働と単純労働について）

　複雑労働でも肉体労働であれば、それを分解して単純化し、労働時間によって価値を測定するということも考えられよう。（否、実際にはそれも不可能である）しかし頭脳労働の場合にはどうであろうか。頭脳労働を時間によってその価値を測るということは不可能であり、ナンセンスでもあろう。もっとも、それ以前の問題として、資本論では頭脳労働について特に言及していないのだが。頭脳労働の例として、学者、芸術家等が思い浮かぶが、彼らの労働価値を労働時間によって測定することができるであろうか。発明、発見或いは芸術作品等は、時間さえかければ完成するというものではない。マルクスの時代に比べて、頭脳労働にたずさわる人の比率が、多くなっていることを考慮する時、この前提条件は無視できない。

＜前提条件その２＞……… 捨象化（価値変動の無視）

　商品はその価値どおりに売られると仮定されているが、現実には価値どおりに売買されないことが多い。否、実際に売買される価値が真実の価値で、売買される以前の価値は単なる見積もりでしかない。理論値と実際値とのあいだには差が生ずるのが常である。しかしマルクスは、理論値がそのまま実際値になると前提し、価値の変動を無視している。

　この点に関して会計理論では、収益の発生（理論値）と収益の実現（実際値）とを次のように厳しく立て分けているので紹介しておきたい。これによって価値変動を無視するという前提が、如何に現実離れしたものであるかが理解されよう。

「経済学的には、収益は生産の進行につれて、逐次形成されていくはずである。にもかかわらず、企業会計上は、その発生が多くの場合このように実現の事実をまって初めて認識される関係にあるところから、そこには企業資本の動きが、

G（現金）——W（原材料）……W'（製品）——G'（売上金）

としてよりは、むしろ、

G（現金）——W（原材料）……W（製品）——G'（売上金）

というかたちでもって捕捉されることになろう。そして、収益の認識にあたって、ことさらにそのような基本的態度をもって臨まなければならない。なぜなら、そこにあっては、

① 『計算の確実性』ということ、

② 『客観的な証拠の存在』ということを、

ひとしお重視しなければならない必然が存在するからである。

つまり、企業会計にあっては、費用や収益の発生を認識するということは、そのままこれを貨幣価値的に記録することを意味するものである。そのようにこれを貨幣価値的に記録するとすれば、当然そこには、その認識を可能にする明確な条件というものがすでに存在し、具体的な測定が充分に可能でなければならない。

企業会計にあっては、収益が生産過程においてその形成を見る筋合いにあるものであるということだけは、一応はこれを肯定する。しかし、それが実現の域に達し金額的に確定を見るまでは、事実上これを認識も測定もいたしかねる事情にある場合が多い。

ことに、こんにちのような市場生産形態のもとにあっては通常はその金額どころか、収益の成立自体も、製品なり用役なりが現実に顧客に引き渡され対価の成立を見るまでは、しょせん不確実のままである。それゆえ、その段階の到来を待つことなしに収益の認識を行うということは、売れ残ることによって事実上ついに成立しないままに終わる架空の利益要素までをもあえて計上し、それらをも利益処分の対象のなかに加えることを意味する。一般に収益については、販売というような決定的

な事実の到来によってのみ初めてそれが、企業会計上具体的に認識できるほどに客観的なものになる」(山桝忠恕著『近代会計理論』p.96～97)

　＜前提条件その３＞……… 平均化（剰余価値率の平均化）
　自由な労働者間の競争および移動によって、労働の搾取度または剰余価値率が平均化するということも事実であろう。しかし逆に、自由競争によって剰余価値率にますます差ができるというケースも考えなくてはなるまい。事実、このことはマルクス自身によって資本論の中でたびたび指摘されている点でもある。即ち、企業は優勝劣敗の原理により、倒産合併等を繰り返しつつ資本を集積していくのであると。倒産する企業もあれば繁栄する企業もあるということは、剰余価値率に大きな差ができることの証拠であろう。

こうして見てくると、理論構築を容易にするための前提条件の中に、次の要因を内包していたと言えよう。即ち、「資本主義社会が高度になるにしたがい、その理論がますます現実から遠ざかっていく」。資本論の理論的妥当性は一切のスタートである前提条件の段階から大きく揺れ始めてしまった。この不安定な土台である前提条件の上に、如何なる柱を組み上げようとしているのであろうか。
　次章は資本論の柱とも言うべき「基本命題」に 論及していく。
〔本書前編「9. トヨタ・危うし」参照〕

第2章　資本論の基本命題〔恐慌と革命は避けられない〕

(1) 8つの基本命題
私は資本論という巨大なビルディングを構築するために必要不可欠な柱を8本選んだ。それが、これから述べる「基本命題」である。ここに取り上げた基本命題の8つは、その内1つでも欠ければ資本論が成り立たない。つまり資本論の結論がでないという、重要なものばかりである。

(2) 基本命題の解説
＜基本命題№1＞から＜№8＞までを解説することは、即ち資本論の要旨を述べることになろう。

＜基本命題№1＞
[「商品における使用価値と価値との関係」：商品は質的側面からみると使用価値をもち、量的側面からみると価値をもっている]

マルクスは資本論の冒頭において、「資本主義的生産様式が支配的に行われている社会の富は、一つの『巨大な商品の集まり』として現れ、一つ一つの商品は、その富の基本形態として現れる。それゆえ、我々の研究は商品の分析から始まる」（第1巻 p.49）と述べ、研究の出発点を商品の分析に求めている。基本命題№1は、その商品を分析したものである。

＜基本命題№1＞は、商品における「使用価値」と「価値」との関係を規定したものであるが、ここで言う「使用価値」及び「価値」とは、それぞれ如何なる意味を持っているのであろうか。

①使用価値（use-value, worth）
（イ）使用価値の特質
使用価値とはもっぱら「質的」な概念であり、次のような特質をもっている。即ち、使用価値はその諸属性によって、人間のなんらかの種類の欲

【表1】 資本論から抽出した基本命題の一覧表

No.	内　　容	出　典
No.1	［商品における使用価値と価値との関係］ ①商品は質的側面からみると使用価値をもち、量的側面からみると価値をもっている。	第1巻第1章 p.52
No.2	［労働力の使用価値と価値］ ①労働力の価値は労働者の必要労働時間に等しい。 ②労働力という商品は他の商品とちがって、その使用価値（労働）が価値を生む。	第1巻第4章 p.184 第1巻第4章 p.189 第1巻第5章 p.208
No.3	［剰余価値の生産］ ①剰余価値は生産過程で生産され、流通過程では生産されない。但し、実現されるのは流通過程においてである。 ②剰余価値は可変資本から生まれ、不変資本からは生まれない。	第1巻第4章 p.179 第1巻第6章 p.223〜4
No.4	［いわゆる資本の本源的蓄積］ ①資本の本源的蓄積の歴史の中で画期的なのは、人間の大群が突然暴力的にその生活手段から引き離されて、無保護のプロレタリアートとして労働市場に投げ出された瞬間である。	第1巻第24章 p.744
No.5	［資本主義的蓄積の一般法則］ ①不変資本の相対的増大と可変資本の相対的減少	第1巻第23章 p.651
No.6	［労働力の価値の労賃への転化］ ①労賃は労働力の価値の転化形態である。	第1巻第17章 p.561
No.7	［剰余価値の利潤への転化］ ①利潤は剰余価値の転化形態である。	第3巻第1章 p.46
No.8	［利潤率の傾向的低落の法則］ ①利潤率［$P'=m/(c+v)$］の低落は歴史的必然である。	第3巻第13章 p.222〜3

望を満足させるものである。従って、鉄や小麦やダイヤモンドなどという商品体そのものが使用価値であり、使用価値は質的に異なるものである。また、使用価値は自然科学でいう物とは違い、人間が物の有用な属性とその使用方法とを発見したとき、物は使用価値になる。使用価値は、それを

得るために人間が費やす労働の「量」とは関係がない。
　（ロ）　使用価値の形態
　使用価値の形態は自然の形態である。人間の目に見える形態であるから、それについては、特に研究の必要がない。
　（ハ）　労働の二重性との関係
　商品を生産する全ての労働は、一面では、特殊な目的を規定された形態での、人間の労働力の支出である。この「具体的有用労働」（work）という属性においてそれは「使用価値」を生産する。

②価値（value）
（イ）価値の特質
　価値とは、もっぱら「量的」な概念であり、次のような特質をもっている。すなわち、商品の価値は抽象的人間労働の量によって決まり、労働の量は労働の継続時間によって測られる。また、価値は、質的に等しい故に交換され得る。
　（ロ）　価値の形態
　価値の形態は社会的形態であって目に見えるものではない。それは商品と商品との社会的な関係（交換関係）の内でのみ現象する。だから交換価値（exchange　value）――現象形態――を分析してその背後にある価値――本質――を追求する必要がある。資本論第1巻第1章第3節の「価値の形態または交換価値」が、その追求を行っているところである。
　（ハ）　労働の二重性との関係
　商品を生産する全ての労働は、一面では生理学的意味での人間の労働力の支出である。この同等な人間労働、つまり「抽象的人間労働」（labour）という属性において、それは商品価値を形成する。

③使用価値と価値との関係
　使用価値および価値のそれぞれの意味については以上の通りであるが、両者の関係を簡単に言えば次のようになろう。すなわち「ある物、例えば

水・空気・土地等は、価値でなくても使用価値であり得る。しかし、いかなる物も使用価値であることなしには価値であり得ない。また、交換の面から言えば、交換では使用価値は捨象されて交換価値だけが残る」と。諸商品は使用価値としてはいろいろに違った「質」であるが、交換価値としては、ただいろいろに違った「量」でしかあり得ない。

④商品に表される労働の二重性
　「商品はわれわれに対して二面的なものとして、つまり使用価値（use-value）および交換価値（exchange value）として現れた」「このような、商品に含まれている労働の二面的な性質は、私が初めて批判的に指摘したものである。この点は、経済学の理解にとって決定的な跳躍点であるから、ここでもっと詳しく説明しておかなければならない」（第1巻 p.56）
（イ）具体的有用労働（Concreate useful labor）
　「上着とリンネルとが質的に違った使用価値であるように、それらの存在を媒介する労働も質的に違ったもの——裁縫と織布である。もし、これらの物が質的に違った使用価値でなく、したがって質的に違った有用労働の生産物でないならば、それらはおよそ商品として相対することはあり得ないであろう。上着は上着とは交換されないのであり、同じ使用価値が同じ使用価値と交換されることはないのである」（第1巻 p.56）
（ロ）抽象的人間労働（Abstruct human labor）
　「裁縫と織布とは、質的に違った生産活動であるとはいえ、両方とも人間の脳や筋肉や神経や手などの生産的支出であり、この意味で両方とも人間労働である。それらは、ただ、人間の労働力を支出するための二つの違った形態でしかない」（第1巻 p.58〜59）
　「価値としての上着やリンネルでは、それらの使用価値の相違が捨象されているように、これらの価値に表されている労働でもそれらの有用形態の相違、裁縫と織布との相違は捨象されているものである。使用価

値としての上着やリンネルは、目的を規定された生産活動と布や糸との結合物である。これに反して価値としての上着やリンネルは単なる同質の労働凝固である。それと同じように、これらの価値に含まれている労働も、布や糸に対するその生産的作用によってではなく、ただ人間の労働力の支出としてのみ認められるのである」（第1巻 p.60）

⑤抽象化
「商品が備えているいろいろな性質の内、使用価値は互いに質を異にしているので同等性がない。またそれは主観的なものであるから計量の可能性がない。そこでこのような使用価値を取り除いて考えると、残るのは、それらの商品が全て人間の労働の生産物であるという性質だけである。しかしこの労働というものも、米を作るとか、着物を縫うとかいうような具体的な有用労働である限り、それはなお異質的である。従って互いにそれらの大小を比較することができない。そこで労働から異質的なものを取りのけて考えると、そこに無差別な抽象的な人間労働の一定量が残留する。すなわち、商品の備えている性質のうちから質的なものを取り除いた後に残る最後のものは、抽象的な平等な人間労働である。商品の中に結晶しているこの労働こそが価値の実体なのである」（『図解資本論』p.19）

＊労働 − 具体的有用労働 ＝ 抽象的人間労働
　　（質的なもの）（量的なもの）
＊具象 − 捨象 ＝ 抽象

【表2】

	A 商品の構成要素	B 商品の構成要素
抽象化↓	A B C Q	X Y Z Q
	B C Q	Y Z Q
	C Q	Z Q
	Q	Q

【表3】

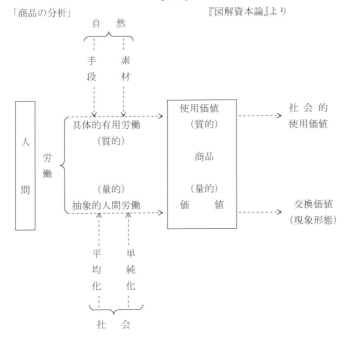

　<基本命題№1>の解説が長くなってしまったが、以上のことを要約すると【表4】になる。
　最初から「使用価値」と「価値」について、長々と論じているので、使用価値と価値の両方が、ずっとこの論文に関わってくるのかと思われるかもしれない。しかしこれから後、使用価値について論じられることはほとんどなく（第1巻第4章と第5章でもう一度出てくるが）、論じられるのは、もっぱら価値についてである。「剰余価値」も「交換価値」も価値の一種である。つまり、使用価値と価値との区別を明確のした後の資本論では、使用価値にはほとんど言及されない。それは次の2つの理由からである。
　①使用価値は自然の形態であり、研究の必要がないから。

②資本の運動は、そもそも使用価値ではなく、価値の増殖を目的としているから。

【表4】「基本命題№1」「まず商品の分析から始めよう」：第1巻第1章より

2つの要因	質的な側面 使用価値（worth）	量的な側面 価値（value）
特質	＊人間が物の有用性とその使用法とを発見したとき、物は使用価値となる。（p.50） ＊交換価値の質量的にない手をなす。	＊商品の価値は抽象的人間労働の結晶である。（p.53） ＊価値は交換価値をはなれて存在しない。
量	＊使用価値は、それを得るために人間が費やす労働の多少とは関係がない。（p.50）	＊商品の価値は、社会的に必要な労働時間によって規定される（価値法則という）ので、労働量に正比例し生産力に反比例する。（p.54）
形態	＊使用価値の形態は、鉄や、小麦や、ダイヤモンドなどという商品体そのものであり、自然の形態である。だから研究の必要がない。	＊価値の形態は、社会的形態であり、目に見えないから研究されねばならない。交換価値は目に見えるからその交換価値（現象形態）を分析して、その背後にある価値（本質）をとらえるという科学的方法を用いる。（第1章第3節参照）
労働の二重性との関係	＊労働は具体的有用労働（work）という属性において使用価値を生産する。	＊労働は抽象的人間労働（labour）という属性において商品価値を形成する。
両者の関連性	＊労働－具体的有用労働＝抽象的人間労働 　　　　　（質的なもの）　　（量的なもの） ＊ある物は、価値であることなしに使用価値でありうる。（例えば、水、空気、土地）しかし、如何なる物も、使用価値であることなしには価値ではあり得ない。（p.55） ＊商品を生産するためには、他人のための使用価値を生産しなければならない。	

＜基本命題№ 2 ＞
　＜基本命題№ 2 ＞は、＜基本命題№ 1 ＞における「商品」を「労働力」という特定の商品に置き換えた場合の「使用価値」と「価値」について述べたものである。

　＜基本命題№ 2 の①＞
　〔労働力の価値は労働者の必要労働時間に等しい〕
　(1)「労働力」は、資本主義に特有の商品である。労働力は、人間の労働の生産物ではないから、本来の意味の商品ではない。つまり、労働力という商品の中には、具体的有用労働も、抽象的人間労働も含まれていない。また、労働力は、労働者の体のなかにある精神的ならびに肉体的な能力であるから、他の商品のように工場で生産することはできない。しかし、資本主義社会では、労働力は商品として扱われ、一定の価格で売買されている。
　(2)「労働力」が商品となるための 2 つの条件（第 1 巻 p.183）
　〔Ⅰ〕「人格的に自由」である。………人格を持つが故の自由。
　〔Ⅱ〕「生産手段および生活資料からの自由………生産手段を持たざるが故の自由。つまり、二重の意味での自由が「労働力」が商品となるための条件である。
　(3)「労働力」の価値は労働者とその家族との生活必需品（生活資料＋扶養費＋教育費）を生産するのに必要な労働時間によって決められる。

　＜基本命題№ 2 の②＞
　〔労働力という商品は他の商品とちがって、その使用価値（労働）が価値を生む〕
　「労働力の価値」は「賃金」となって現れ、「労働力の使用価値」は「労働」となって現れる。賃金を支払って労働力を買い入れた以上、労働力の使用価値（労働）は、資本家の自由処分に任せられる。したがって「労働力という商品は、他の商品と違ってその使用価値（労働）が価値を生む」（第 1 巻第 4 章 p.189、第 1 巻第 5 章 p.208）

【表5】
「剰余価値の生産」　　　　　　『図解資本論』より

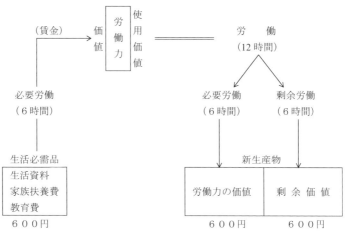

　なお、労働（能）力と労働との関係は、消化（能）力と消化との関係に等しい。

＜基本命題№３＞

　＜基本命題№３＞は、剰余価値がどこから生まれてくるのか、という命題である。「どこから生まれるのか」の視点に２つ有る。１つは、再生産過程の中における「どの過程からか」という視点である。そしてもう１つは、企業にはいろいろな態様の資本があるが、「どの種類の資本からか」という視点である。前者が＜基本命題№３の①＞であり、後者が＜基本命題№３の②＞に相当する。

　＜基本命題№３の①＞
　［剰余価値は生産過程で生産され、流通過程では生産されない。但し、実現されるのは流通過程においてである］
　剰余価値はどの過程で生ずるのか。ここでは「生産過程」および「流

通過程」(購買過程＋販売過程)について考察してみよう。

①購買過程
　資本の運動は、貨幣資本（G）が投資されることからはじまる。投資された貨幣資本（G）は生産手段（Pm）および労働力（A）の価値に支払われる。この過程が購買過程である。購買過程を通って（G）は生産資本（P）となり、生産過程が始まる。

②生産過程
　生産過程は、労働力（A）と生産手段（Pm）との使用価値が結合されて、生産的労働が行われる過程である。生産的労働は使用価値を生産する具体的有用労働であると同時に、価値・剰余価値を生産する抽象的人間労働であるという二重性をもった労働である。したがって生産過程は、具体的有用労働が行われる労働過程と、抽象的人間労働が行われる価値形成・増殖過程との二重性をもつ。
　労働過程の面で使用価値が生産され、価値増殖過程の面で剰余価値が生産される。資本による商品の生産過程は、単に商品（使用価値）を生産するばかりでなく、剰余価値を生産する過程として意義をもつ。生産された商品は剰余価値を含んだ商品であり、資本はここで生産資本（P）から商品資本（W'）となる。

以上のことをまとめると次のようになる。
［生産過程の二重性］
1. 労働過程——具体的有用労働で使用価値を生産する。（第1巻第5章第1節）
2. 価値増殖過程——抽象的人間労働で（剰余）価値を生産する。（第1巻第5章第2節）

③販売過程

　資本の運動はとどまってはならず、生産された商品は販売されなければならない。販売されて剰余価値が実現されなければならない。商品が販売されると資本はW'からG'にかわる。G'は出発点であったGと同じ貨幣資本の形態であるが、実現された剰余価値を含んでいるので、それだけ大きくなっている。商品の販売過程は、同時に剰余価値が利潤として実現する過程である。資本の運動としては、購買過程と販売過程とはともに流通過程である。流通過程は、生産過程を前後から包んで補完しており、全体として資本主義的生産の総過程をなす。

　以上のことを図表化すると次のようになる。

【表6】

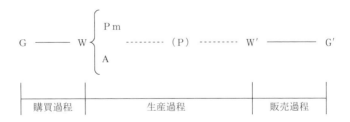

　これが資本論における「企業資本の運動」のとらえ方である。

＜基本命題№3の②＞
[剰余価値は可変資本から生まれ、不変資本からは生まれない]
　剰余価値はどの資本から生ずるのか。資本の主な態様を考察してみよう。

（A）価値の増殖様式の差異による区分
①不変資本（Constant capital）
　端的に言えば、剰余価値を生産するか否かで、不変資本と可変資本とに区分される。生産的資本の物的要素として投下された生産手段の価値は、その摩滅と消耗とに応じて新生産物の上に移転される。その移転される価値は、生産過程の前後を通じて不変である。したがって生産手段に投じられる資本部分は不変資本と呼ばれる。

②可変資本（Variable capital）
　不変資本に対して、生産的資本の人的要素である労働力の機能は、新生産物の上に労働力の価値を再現させるばかりでなく、更にそれを越えて剰余価値を付け加える。だから、労働力に投じられる価値と、労働力の機能によって生産される価値とは、生産過程の前後を通じてその大きさを変える。したがって労働力に投じられる資本部分は可変資本と呼ばれる。

（B）価値の回転様式の差異による区分
①固定資本（Fixed capital）
　労働手段などに投下された資本部分は、その価値が摩滅に応じて断片的に生産物の上に移転され、生産物の流通を通じ、貨幣形態において部分的に回収される。残りの価値はたえずこの資本の残存分に固定され、この資本の機能によって生産された商品から独立している。このような特質によって、この不変資本部分は固定資本と呼ばれる。

②流動資本（Circulating capital）
　流動資本か固定資本かの区分は、要するに、それに投下された価値の回転が早いか遅いかによってなされる。生産的資本要素から固定資本に属するものを除いた残りの
　（a）一部は、原料および補助材料などのような不変資本要素からなり、
　（b）他の一部はまた労働力として存立する可変資本要素からなる。

価値の回転様式からみれば、この両者はふつう、一生産過程ごとに全部的に生産物の上に再生産され、そしてその生産物の流通を通じ貨幣形態で全部的に（可変資本は剰余価値を加えて）回収される。この特質にもとづいて、両者は流動資本と名付けられる。

＜基本命題№. 4＞

[「いわゆる資本の本源的蓄積」：資本の本源的蓄積の歴史のなかで画期的なのは、人間の大群が突然暴力的にその生活維持手段から引き離されて、無保護のプロレタリアートとして労働市場に投げ出された瞬間である]

封建社会が解体して、資本主義的生産の基礎的な条件、即ち資本と賃労働とが生み出される歴史的な過程を、資本の本源的蓄積（または原始的蓄積）という。資本の本源的蓄積の時期は資本主義的生産様式の発生期であり、それの発展諸条件の形成期、つまり封建社会の直接的生産者が、その生産手段を暴力的に収奪される時期である。

実際この時期には、おびただしい数の小生産者（農民や手工業者）がみずからの生産手段を奪われた。そしてまた大土地所有者や商人や高利貸しなどの手に集められた莫大な貨幣財産、農民からの強制的な土地収奪、国債制度、租税制度、植民地貿易、保護貿易制度などが、一体となってその本源的蓄積を押し進めた。およそこのような結果として、資本主義社会の基本的な階級である賃金労働者と資本家が、社会的に形成されることになったのである。

とりわけ、農民が生産手段としての土地から切り離されていく過程、即ち封建農業それ自身の解体の過程は、本源的蓄積の基礎をなすものである。そしてこの場合、多くの国ではこの過程が単に経済的発展によってではなく、大土地所有者や商人などの支配階級の手に掌握されていた、国家権力の極めて粗暴な暴力的方法によって、より急激に押し進められたのである。

＜基本命題№5＞

［「資本主義的蓄積の一般法則」：不変資本の相対的増大と可変資本の相対的減少］

基本命題№5は、資本論に述べられている2つの法則のうちの1つである。この法則は、資本の増加が、労働者階級の運命に及ぼす影響を述べている。

即ち、「消費される生産手段の価値、すなわち、不変資本部分だけを代表する価格要素の相対的な大きさは、蓄積の進展に正比例するであろうし、他方の、労働の代価を支払う価格要素、すなわち可変資本部分を代表する価格要素の相対的な大きさは、一般に、蓄積の進展に反比例するであろう」（第1巻 p.651）と。

尚、この場合の不変資本は、「消費される生産手段の価値」を指し、「未消費部分の生産手段の価値」は含まれない点に注目しておいていただきたい。

＜基本命題№6＞

［「労働力の価値の労賃への転化」：労賃は労働力の価値の転化形態である］

賃金は、本質的には、「労働力」の価値または価格の転化形態、または現象形態である。しかし賃金は、現象的には、「労働」の価値または価格であるようにみえる。

賃金という形態の独自の役割は、不払い労働を支払い労働のようにみえさせ、資本による賃労働の搾取を隠蔽することにある。

＜基本命題№7＞

［「剰余価値の利潤への転化」：利潤は剰余価値の転化形態である］

剰余価値（率）と利潤（率）との関係、すなわち、剰余価値（率）の利潤（率）への転化について、資本論では次のように述べている。

「こうして、われわれは剰余価値率（m/v）とは別のものである利潤

率（m／C）＝｛m／（c＋v）｝を得るのである。可変資本で計られた剰余価値の率は剰余価値率と呼ばれ、総資本で計られた剰余価値の率は利潤率と呼ばれる。この二つの率は、同じ量を二つの違った仕方で計ったものであって、尺度が違っているために同時に、同じ量の違った割合または関係を表すのである」（第３巻 p.52〜3）

　これを式化すれば次の通りである。

* 　剰余価値率　　$m' = m$（剰余価値）／v（可変資本）
* 　利潤率　　　　$p' = m$（剰余価値）／C（総資本）
　　　　　　　　　　＝m（剰余価値）／｛c（不変資本）＋v（可変資本）｝

　従って剰余価値といっても利潤といっても、剰余価値に対応させるものが、前者は可変資本であり後者は総資本であるというだけで、絶対量は違わない。それはあたかも一本の川の名が、上流と下流とではその名称が変化するようなものである。

　また、剰余価値は確かに生産過程でのみ生ずるかもしれない。しかしそれは未だ目に見える状態にはなっておらず、測定も不可能である。剰余価値は実現してはじめて剰余価値が生じたと言えるのであり、その実現のしかたは他ならぬ利潤として実現する訳である。従って、剰余価値と利潤とは、スタートの段階においては本来全く異質のものであるかもしれないが、結果として、同質・同量のものとなると言えよう。それは、

　再生産表式

$$G\text{―――}W \begin{cases} Pm \\ A \end{cases} \cdots\cdots (P) \cdots\cdots W'\text{―――}G'$$

の最初にG（貨幣）が表示されていることでも自明であろう。実現した利潤だけが貨幣として次の再生産過程に入り込む能力がある。実現しない剰余価値は、机上の空論であり、現実には全くナンセンスである。

　こうして、＜基本命題No.7＞の「剰余価値の利潤への転化」が導かれる。これは同時に、基本命題No.8の中核をなす利潤率の公式が導かれたこ

とを意味している。

＜基本命題No.8＞
[「利潤率の傾向的低落の法則」：利潤率の低落は歴史的必然である]
　基本命題No.8は資本論に述べられている2つの法則のうちの1つである。基本命題No.7で導かれた利潤率の公式は次のように変形できる。

$$\text{利潤率} \quad P' = m / C \quad \cdots\cdots (A)$$
$$= m' \{v / (c+v)\} \quad \cdots\cdots (B)$$

　但し、この（A）式から（B）式への変形にはm＝m'v（mは剰余価値、m'は剰余価値率、vは可変資本）という公式が適用されている。このm＝m'vの公式に我々が注目しなければならないことは、この公式の背景に、「剰余価値は可変資本からしか生じない」という基本命題No.3の②が前提として存在する点である。
　次に、（B）式を更に変形した後、資本主義的蓄積の一般法則であるところの、＜基本命題No.5＞「不変資本の相対的増大と可変資本の相対的減少」を適用する。すると確かに「利潤率の傾向的低落の法則」という＜基本命題No.8＞は正しいように思える。

$$\text{利潤率} P' = m' \{v / (c+v)\} \quad \cdots\cdots (B)$$
$$= m' \{1 / (c/v + 1)\} \quad \cdots\cdots (C)$$

　即ち、（B）式の分母、分子をvで割れば（C）式になる。この（C）式に＜基本命題No.5＞を適用すれば、不変資本（c）は相対的に増大し、可変資本（v）は相対的に減少して、（C）式、即ち利潤率は、時間（歴史）と共に低落していく傾向を示していることは明らかである。（第3巻 p.222）
　但しこれも、公式中の剰余価値率（m'）が一定ならば、という条件付きである。

以上のように＜基本命題№8＞は、＜基本命題№3＞＜№5＞＜№7＞の上に成立していることがわかる。従って＜基本命題№3＞＜№5＞＜№7＞の信憑性に疑義が生ずれば、＜基本命題№8＞の成立も危ぶまれることになる。

　この節では、「基本命題の解説」と題して、＜基本命題№1＞から＜№8＞に関する解説を行った。ここではただ解説しただけで、検討はしていない。それは、私が以上の基本命題を全て正しいと認めているのでもなければ、逆に否定している訳でもない。「基本命題の解説」を行うことによって、あらかじめ資本論の全体像を把握しておきたかったのである。
　　　　　　　　　　　　〔本書前編「12. オバマ　頑張れ」参照〕

(3) 資本論のイントネーション
　ここでは、＜基本命題№1～基本命題№8＞の資本論における位置づけを示しておきたい。【表7】は、資本論の目次の右に基本命題のナンバーを置くことによって、そのことを示したものである。
　この表では、目次の右に基本命題が置かれてない箇所が4箇所ある。それは、4箇所のそれぞれが基本命題を前提とした応用過程、或いは、派生的形態を論述した部分だからである。資本論におけるこれらの部分が重要でないわけではない。しかし基本と応用とに区別した場合、それらは応用部分に該当するので、そこからは基本命題が生じなかったのである。基本命題が置かれていない4カ所の、それぞれについて具体的な理由を言えば次のようになる。

　①第1巻第4編及び第5編は、それまでの第1編から第3編までの中に剰余価値生産の基本過程が描かれているので、その応用過程を説明した第4編及び第5編からは、基本命題が抽出されていない。
　②第2巻全体は、資本の流通過程を論じた部分である。マルクスが自ら言っているように、「剰余価値は生産過程で生産され、流通過程では生産されない」(基本命題№3の①)。従って、剰余価値の生産に焦点を当てて

【表7】［資本論のイントネーション］

目　　　次	基　本　命　題
第1巻　資本の生産過程	
第1編　商品と貨幣	No.1
2　　貨幣の資本への転化	⎫ No.2・No.3
3　　絶対的剰余価値の生産	⎬
4　　相対的剰余価値の生産	第3編までに剰余価値生産の基本過程が描かれており、この部分はその応用過程である。
5　　絶対的および相対的剰余価値の生産	
6　　労賃	No.6
7　　資本の蓄積過程	No.4・No.5
第2巻　資本の流通過程	
第1編　資本の諸変態とその循環	剰余価値の生産について直接は関係ないが、2つの法則成立へのポイントになる部分である。
2　　資本の回転	
3　　社会的総資本の再生産と流通	
第3巻　資本主義的生産の総過程	
第1編　剰余価値の利潤への転化と剰余価値率の利潤率への転化	No.7
2　　利潤の平均利潤への転化	前編に剰余価値と利潤との関係の基本が描かれており、この部分はその応用過程である。
3　　利潤率の傾向的低下の法則	No.8
4　　商人資本	「商業資本も、利子生み資本も、資本主義社会では派生的な形態である」(第1巻 p.179)。利潤の分裂したものが、これらであると説かれている。
5　　利子生み資本	
6　　超過利潤の地代への転化	
7　　諸収入とそれらの源泉	

　論じられた資本論第1巻及び第3巻に比べると、第2巻は、論述の観点が異なっている。そういう理由から、第2巻からは基本命題が抽出されていない。しかし第2巻では、第1巻と第3巻に述べられている2つの法則が、成立するか否かを左右する大事な点が論じられている。そこで本書では、第3章でその部分について言及している。

　③第3巻第1編で、剰余価値と利潤との関係の基本が描かれている。従って、その応用関係を論じた第3巻第2編からは、基本命題が抽出され

ていない。
　④「商業資本も利子生み資本も資本主義社会では派生的な形態である」（第 1 巻 p.179）従って、それらを論じた第 3 巻の第 4 編～第 7 編からは、基本命題が抽出されていない。

　この節の表題を「資本論のイントネーション」としたのは、資本論全体をよく見ると、始めから終わりまで、同じトーンで論じられているわけではなく、アクセントがあり、抑揚もあるという意味を込めたつもりである。

(4) 基本命題による資本論スケッチ

　この節では、今までに取り出した資本論の骨格（基本命題）を再び組み立ててみる。つまり＜基本命題№ 1 ＞から＜基本命題№ 8 ＞によって資本論をスケッチしてみよう。【表 8 】がそれである。
　即ち、中央の＜基本命題№ 1 ＞＜№ 2 ＞＜№ 3 ＞は剰余価値の生産という資本論の骨格中の骨格になっていることを示している。それらが更に左右の柱を支えている。左側の柱は＜基本命題№ 4 ＞＜№ 5 ＞が論ずるところの、資本の蓄積である。右側の柱は、＜基本命題№ 6 ＞＜№ 7 ＞＜№ 8 ＞が示すところの労働力の価値の労賃への転化と、剰余価値の利潤への転化である。
　＜基本命題№ 1 ～№ 5 ＞を資本運動の「本質」というならば、＜基本命題№ 6 ～№ 8 ＞は、資本運動の「現象形態」と言える。そして直接的には、この内の＜基本命題№ 5 ＞と＜№ 8 ＞との 2 つの法則によって、資本主義社会から共産主義社会への移行を余儀なくさせる「恐慌及び革命の必然」という資本論の結論が導かれている。
　「 2 つの法則」の関係は次の通りである。

　　①まず＜基本命題№ 5 ＞「資本主義的蓄積の一般法則」では、労働者（個人）が搾取によって窮乏化し、遂には資本家（法人）に対して一斉

【表8】［基本命題による資本論スケッチ］

```
                            恐慌・革命
                           ↗        ↖
    ┌─────────┐                              ┌─────────┐
    │ No.5    │                              │ No.8    │
    │ 資本主義的蓄 │←─────────────────────────→│ 利潤率の傾向 │
    │ 積の一般法則 │                              │ 的低下の法則 │
    └─────────┘       法則成立への関門           └─────────┘
         ↑         ┌──(資本の回転)──┐               ↑
         │         │              │(資本の        │
         │         │    ┌─────┐ │ 循環)         │
         │         │    │ No.3 │ │              ┌─────┐
         │         │    │剰余価値の│─┼────────────→│ No.7 │
         │         │    │ 生産  │ │              │剰余価値の│
         │         │    └─────┘ │              │利潤への │
         │         └──────↑───────┘              │ 転化  │
         │                │                      └─────┘
         │            ┌─────┐                      ↑
         │            │ No.2 │                  ┌─────┐
         │            │労働力の使用│──────────────→│ No.6 │
         │            │価値と価値│                 │労働力の価値│
         │            └─────┘                   │の労賃への │
         │                ↑                    │ 転化   │
    ┌─────┐          ┌─────┐                   └─────┘
    │ No.4 │          │ No.1 │
    │いわゆる│          │商品における│
    │本源的蓄積│        │使用価値と│
    └─────┘          │価値との関係│
                      └─────┘

   (資本の蓄積)      (剰余価値の生産)           (利潤への転化)
```

前提条件	その1	単純化
	その2	捨象化
	その3	平均化

蜂起し、革命を起こすであろうと論じられている。

　②次に、もしこの段階で革命に至らなくとも、更に労働者の窮乏化が進んでくると、＜基本命題No.8＞「利潤率の傾向的低落の法則」によっ

第2章　資本論の基本命題〔恐慌と革命は避けられない〕　117

て、資本家（法人）が自縄自縛に陥る。結局、経営が成り立たなくなり資本主義社会は崩壊する、と論じられているのである。

これまで、幾多の資本論批判がなされてきたにもかかわらず、いずれも部分的な誤謬を指摘するにとどまり、その本質的な欠陥を指摘できなかった。資本論が予測したものと、現実とのギャップに驚いたり、嘆いたりするだけであった。その理由として、私は次の２点を揚げておきたい。

第１は、資本論の全体像をつかみ得なかったこと。
第２は、資本論の本質的欠陥を指摘できる的確な視点を持っていなかったこと。

この２つである。
第１の関門である資本論の全体像は、本書の「第１章　資本論の前提条件」及び、「第２章　資本論の基本命題」とによって紹介することができたと思う。
そこで次章では、資本論第２巻と会計理論とを対比させながら、第２の関門である、資本論の本質的欠陥を指摘してみたい。

第3章　資本の循環〔機械の減価償却費と残存価額は別物である〕

(1) 資本とは何か？

　資本論を読み進んでいるうちに、ふと気になり、分からなくなってしまったことがある。それは、資本論の「資本とは何か？」という問題である。これは自明のようでありながらあらためて考えると、その実体・定義はどこにも明かされていないのである。

①現金のことか
②預金も含めたものを言うのか
③借り入れた場合の現金はどうなのか
④株式会社で言う資本金のことか
⑤個人企業の場合は何を指すのか
⑥俗に言う資本家との関連性はないのか、等々。

　私の考えはどこまでも広がってきりがなく、頭はすっかり混乱してしまったのである。
　この時思い付いたのが会計理論である。資本論は資本主義社会の経済構造を解明したものであり、会計理論は、その資本主義社会で現実に適用されている理論ではないか。とすれば両者には何らかの共通点、最大公約数的なものがあってしかるべきであろう。
　そう思って探していると、資本論の「資本とは何か？」を理解するのに十分なヒントを与えてくれる書に巡り会うことができた。それは、これから紹介する山桝忠恕著『近代会計理論』（国元書房）である。紹介が長くなるので、これによって私が言いたいことの結論を先に述べておこう。
　その第1は、資本論で言う「資本」とは、様々な態様を持っており、時々刻々と変化するものである。資本論に曰く「資本は貨幣形態をとった

り、商品形態をとったりしながら自己増殖する」(第1巻 p.169、趣意)と。従って、資本論とは、「資本主義社会における企業資本の運動を論じたもの」ということができる。

そして第2は、「資本の運動論」ということであれば、会計理論こそ、まさしく資本の運動を計数的に把握する理論である。従って、その精密な思考方法をもって資本論を精査すれば、論理の展開に無理がなかったか、飛躍がないかを知ることが可能であろう。

以上の2点である。

(2) 資本論における「企業資本運動」のとらえ方

さっそく『近代会計理論』の紹介を始めよう。この書で山桝氏は、会計理論の説明に入る前に、一般的な企業資本運動について述べている。これは資本論における企業資本運動のとらえ方そのものである。

> 「いうまでもなく、企業は資本主義経済社会に特有な事業経営形態である。直接には資本の自己増殖ないし利潤の追求を行動目標とする経営体であるというところに、その特色を持つ。そして、そのような企業の経済活動は、なるほどこれをその展開する具体的な活動に即してながめるときには、生産に必要な資材の購入、労働力の確保、製品ないし用役の生産、さらにその販売などのかたちをもってわれわれの目に映じる。しかし、ひとたびそれらの諸活動を統一的・理念的な立場においてとらえようとするならば、それらを一定の目的によって導かれた企業資本の統一的な運動として把握しなければならない。一見したところでは千差万別であるにしても、企業における経済活動は、本質的には企業資本の機能活動の反映であり、まさに資本の自己増殖活動自体の具体的な表現形態に他ならないからである」(『近代会計理論』p.6)

山桝教授は、まず企業における経済活動の特色を説明することから入られている。次に資本論における企業資本の運動を説明するところに入るの

で紹介を続けよう。

　「もともと、そのような企業資本の運動は、企業の具体的な活動を可能とし利潤の獲得の原資ともなる貨幣の流入をもって始まる。そして、このようにして主として貨幣のかたちでもって企業内に流れ込むに至った資本というのは、一定の計画のもとにつぎつぎと放射され、資本としての力を思いのままに発揮せしめられることとなる。たとえば、それらの一部は、原材料・機械・設備などにあてられることによって生産資本として機能し、またその一部は商品資本にも転態する。そして、業績が順調に推移するかぎりは、さらにこれがふたたび貨幣資本に転態することによって、ここにその自己増殖の達成を見るに至るわけである。つまり、この企業資本運動は、

$$G \text{――} W \begin{cases} Pm \\ A \end{cases} \cdots\cdots (P) \cdots\cdots W' \text{――} G'$$

という形式をもって、しばしばその解説が行われているように、資本としての貨幣（G）の生産手段（Pm）および労働力（A）への転態、それらの内部移動、生産された商品（W'）の貨幣（G'）への転態という行程をたどりつつ、しかもそれらの果てしなき循環を繰り返しているものと言える」（同 p.7）

ここに出てきた、

$$G \text{――} W \begin{cases} Pm \\ A \end{cases} \cdots\cdots (P) \cdots\cdots W' \text{――} G'$$

これこそ、資本論第 2 巻、第 1 章「資本の姿態変換とその循環」に出てくる再生産表式である。続いて、この後に述べられた部分に注目していただきたい。

　「ただ、そのような企業資本の運動過程というのは、これをその階梯に即して、計数的にも逐一捕捉していかなければ、その充分な管理を期

しえないこと、いうまでもない。そしてそのことが、おのずから企業会計という職能の台頭を促したものと言えよう」（同 p.7）

つまり、企業資本をきちんと管理するために、企業会計なるものが発展してきたというのである。現時点における会計理論が、完璧であるとは言えないまでも、計数管理という面においては、これ以上の理論はあるまい。

(3) 企業資本の運動の態様
それでは、企業会計における「企業資本の運動」はどのようにとらえられているであろうか。

①資本の調達分
「そこで、企業資本の演じる目的活動の態様を、いま少しく具体的に跡づけると共に、その企業会計的な観点よりする取り上げかたを概観してみよう。
　すでに指摘したように、企業資本の運動は、多くの場合、資本としての貨幣の流入をもって始まる。そして、それら資本導入の原初的な形態というのは、いわゆる外部からの新規調達、すなわち俗にいう資本の元入れないしは借り受けに他ならない。発足後はそれらの循環運動が順調に推移していく限り、自己増殖的な調達、つまり生産ないしは販売に基づく稼得、ひいてはそれら稼得されたものの社内留保による補強・充実もまた可能である。そしてそれらもまた、漸次、循環運動に加わっていくはずである。したがって、この資本の入手には、けっきょくのところ、二つの形態のものがあり得る。ここでは、前者を仮に資本の算段分、後者を仮に資本の培養分とでも呼んでおこう。そして以上のことを整理すれば、次のようになる」（同 p.12）

［資本の調達分］
1. 資本の算段分（払込資本および負債）
2. 資本の培養分
   イ、資本の蓄積分（留保利益）
   ロ、資本の稼得分（収　　益）

　こうして、山桝教授は、企業資本の態様を具体的に跡づけることによって、私が最初に提起した疑問、即ち「資本とは何か」という問いに少しずつ回答を示してくれているのである。紹介を進めよう。

②資本の行使分
　「ところで、このようにして企業内に流れ込むに至る資本というのは、これもすでに明らかなように、一定の計画に基づいて次々に生産資本なり商品資本なりに転態していくわけである。それらの部分を、仮に資本の活用分と呼んでおこう。そしてこの資本の活用というのは、とりもなおさず原価（cost, Kosten）の生起を意味する。ただ生産資本ないしは商品資本に転態した企業資本というのも、しょせんは資本としての循環運動の過程に位しつつある存在に他ならない。
　従って、どの時点でそれらを観察してみても、常にそこには、自己増殖のための犠牲となってその価値を他にゆだね、自らとしては、一応解消するに至っている部分と、まだその段階にまでは達していない部分とがありえよう。そこで、仮に前者を資本の費消分、後者を資本の充用分と呼んでおくが、両者の区別は、もともと本質的なものではない。
　次に、資本の中には、外部に出向中のものもないわけではない。そして、それらは、それ自体としては少なくとも直接的には損益に関係のない、いわば中性的なものであるとも言える。ここでは、それらを仮に資本の派遣分ないしは派出分とでも呼んでおくことにする。そこで、以上のことを整理すれば、次のようになる」（同 p.13）

［資本の行使分］
1. 資本の活用分
　　イ、　資本の費消分（費用）
　　ロ、資本の充用分（費用性資産）
2. 資本の派出分（投資および債権）

「近代会計理論」では、以上の説明の後で更に捕捉されている点がいくつかある。しかしここでは、会計理論の概要が理解されれば目的を達するので、それらは省略して次へ進もう。

③資本の待機分
　「さて、われわれは、資本の動きを、便宜その調達から行使へとたどってみたわけであるが、資本の中には、たえず貨幣資本そのものとして温存されつつ、いずれは早晩訪れるであろうところの、それが用立てられる機会を待っている部分というのもあったわけである。したがって、調達をみた資本の額と行使にあてられた資本の額とのあいだには、おのずから若干の差がみられ、そこには、
　資本の行使分の額＋資本の待機分の額＝資本の調達分の額
　という関係こそが成立する。そして、企業会計にあっては、このような、資本の調達分の額と、資本の待機分の額ならびに行使分の額とのあいだに、もともと存在しているはずの均衡関係に即しつつ、企業資本の構成のうえに現れる具体的な変動が明らかにされる。と共に、それを通じて企業資本の有り高とその増減との計算が、きわめて有機的・組織的に行われているわけである」（同 p.14）

以上が「企業資本運動の態様」である。次は、この企業資本の運動を、企業会計ではどのように捉えていくのか、という部分に進もう。会計理論をある程度理解している人にとっては、企業資本の運動が如何なるものであるかということが、更に明確になってくるであろう。

(4) 企業会計における「企業資本運動」のとらえ方

①企業資本運動の図解

「企業会計が企業資本の運動を計数の側面から統一的に捕捉しようとするものであることは、しばしば述べた。しかし、かんじんの企業資本の運動は、もともと無限持続的なものであって、ついにその終わりをみることがないものと思わねばなるまい。しかし企業としては、経営上の諸種の指標を得るうえからも、そしてまた、資本の提供者に対して報告や分配を行ううえからも、むしろある時期ごとに、企業資本の構成がどうなっているかということと、企業資本の増殖高がどれくらいに達しているかということとを、いわば経常的、反復的に確かめてみる必要がある。

そこに、おのずから、会計期間ないしは会計年度の概念が生まれ、そのように元来は切れ目というもののない資本の動きを人為的に区切って、すべての勘定単位を締め切り、それら一定期間の記録・計算に整理を施しつつ資本構成の判定と資本増殖額の算定とを試みることとなる。これが俗に決算と呼ばれている会計行為にほかならない。

そこで、今、日頃の記録・計算の顚末を一時点において総括のうえ、

【表9】

企 業 資 本

行使分	待 機 分		調達分	算 段 分
	派 出 分			
	活用分	未費消分		蓄 積 分
		費 消 分		稼 得 分
合 計			合 計	

企業資本自体の計算を試みるとして、これを図解するならば、それは、たとえば、【表9】のようになることであろう」（同 p.15）

　この【表9】は、とりもなおさず「(3) 企業資本の運動の態様」として先に紹介したものの図解である。

　②損益計算書
　次に、この【表9】から、損益計算書と貸借対照表が導き出されるところを紹介しよう。

　「【表9】にあって、借方の一部に含められている費消分というのは資本犠牲を意味し、実は資本としてはすでに解消してしまっているわけである。ただ、それらの費消分は、あながち無意味もしくは一方的に解消し去ってしまったというわけのものではない。むしろこの犠牲によって、それに代わる新しい資本の稼得が達成されているはずである。つまり、他方の稼得によって費消分の回収が行われ、費消よりも稼得のほうが上回るときには、そこにその差額だけの資本増殖さえもが成就しているわけである。したがって、この勘定図解の中から、次の【表10】のように、費消分と稼得分とだけを取り出し、両者の額を対応させること

【表10】
資　本　増　殖　高

費　消　分	稼　得　分
（増殖分）	
合　　計	合　　計

126

によって、資本における正味の稼得分、すなわち増殖分の額の計算が可能になる。

なお、このように、資本の流入すなわち増加ではあっても、外部からの算段や過去の年度の蓄積によってその確保をみたものではなく、費消とのあいだに因果関係を保ちつつ、当会計年度において稼得されるに至った資本のことを、収益という。また稼得のために費消されることにより流出した資本のことを費用、そしてそれらの両者の差額、つまり、増殖分のことを利益ないしは利潤と呼んでいる。尤も、資本運動が、常にこのように増殖のみを結果するとばかりは断定できない。資本にむしろ収縮が生じつつあるという、いわば、その逆の場合もまた、ありうるからである。そのようなときに現れるマイナスの差額は、これを欠損という。

そこで、費消と稼得との対比を通じて企業資本の増殖状況いかんを示す先の勘定を、これらの専門用語をもって表現し直すならば、それは当然【表11】のようになる。そして、これが実は、かの損益計算書の原型をなす」（同 p.16）

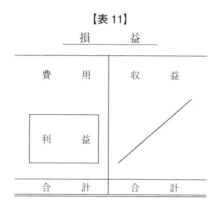

【表11】

③貸借対照表

本章は、山桝著の『近代会計理論』から、その明解なる企業資本運動の

第3章　資本の循環〔機械の減価償却費と残存価額は別物である〕　127

とらえ方を紹介してきた。最後に、貸借対照表の導き出し方を紹介して終わりにしたい。

「ところで、このようにして確かめられた利益の額だけは、資本運動を経ることによって、結果的に企業資本がそれだけ増殖をみるに至っていることを物語る。つまり、それは調達資本の増加を意味すると共に、これに相応する額だけは、待機中の資本もしくは行使中の資本、あるいはそれら双方の額もまた、当然に増加していなければならない。

そこで今度は、先に掲げておいた企業資本勘定の図解の中から、すでに抜き出した費消分と稼得分とは別にして、その他の部分を取り上げてみよう。さきの仮想図解を前提にする限り、そこにあっては一見して明らかなように、稼得分の額の方が、費消分の額よりも多額である。同様に、待機分の額と、行使分の中の未費消分の額との合計額が、外来の調達分と過去の年度の蓄積分との合計額よりも多い。しかもその差額は、他方で算出した増殖分の額に、おのずから合致するという関係がみられる。そしてそのことは、資本運動の進行につれて、資本の費消を上回る稼得の故に、いわば内面的に新資本が確保され、ちょうどその分だけは

【表12】
資　本　残　高

待　機　分	算　段　分
派　出　分	蓄　積　分
未　費　消　分	（増殖分）
合　　計	合　　計

借方側も必然的に増強されていることを如実に物語っているわけである。

したがって、既掲の勘定図解から費消分と稼得分とを除くと共に、借方と貸方とがバランスを保ちうるように、貸方側に差額を計上しさえすればそこに成立をみる勘定には、結局のところ資本運動の結果としての資本残高だけが総括されることになる。そしてそれらが相寄って一時点における企業資本の構成を描写すると共に、実はそこでもまた、残高の比較という方法を通してであるが、やはり資本の増殖分すなわち利益の額の計算が行われていることになる。(【表12】)

なお、企業会計上では、資本の待機分のことを貨幣性資産、未費消分を費用性資産、外部に派出中のものを債権および投資、これらを広く総括して資産と呼ぶ。また、調達分のうち外部からの算段分というのは、企業会計上の表現を用いるならば、その源泉のいかんによって、負債と払込資本とに大別されよう。なお、前会計年度の利益の中で分配されずに内部に留保されている分、すなわち蓄積分については、さしあたりのところ、それを留保利益と呼んでおく。

そこで、一時点における企業資本の残高すなわち有高の構成と共にそれを通じて企業資本の増殖状況いかんをも示す先の勘定を、これら企業

【表13】

残	高
貨幣性資産	負　債
費用性資産	払込資本
債　権	留保利益
投　資	利　益
合　計	合　計

会計上の用語をもって表現し直すならば、それは、【表13】のようになる。そしてこれこそが、貸借対照表の原型をなす」（同 p.17）

(5) 資本の循環と回収理論

以上で、『近代会計理論』からの紹介を終わるが、ここでもう一度、企業資本運動の図解をみていただきたい。全体をマクロ的に観察すれば企業資本が次の【表14】のように左回りに動いていることに気付かれると思う。

つまり、「算段→待機→行使→稼得→蓄積→算段」という具合に、ゆっくり或いは速く変化していることがわかるのである。

このことを、阪本寅蔵氏は、非営利会計の「消費理論」に対して、企業

【表14】
企業資本の連動

行使分	待機分	調達分	算段分
	派出分		
	未費消分		蓄積分
活用分			
費消分			稼得分
合計		合計	

会計の「回収理論」として説明されているので紹介しておきたい。

「回収するにはまず消費が先行しなければ不可能である。この場合の消費はあらかじめ投資された資産を前提としている。この条件に従えば勢いつぎのような運動形態をとる。

$$\underline{負債・資本} \rightarrow \underline{資産} \rightarrow 費用 \rightarrow 収益 \rightarrow \underline{負債・資本}$$
$$(\text{投 資}) \qquad\qquad (消費) \quad (回収) \qquad (\text{投 資})$$

という【表15】のような左回りの旋回運動を行って、利益を加えその運動は毎期大きな弧を描いてゆく、それは左回り、螺旋状循環運動である。有形固定資産が減価償却の手段で費用化する左旋回運動と同一方向であり、したがってこの減価償却の運動を巻き込んでいって矛盾はない」(『非営利会計』中央経済社 p.152)

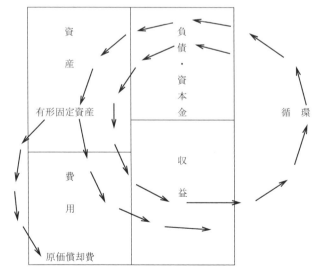

【表15】
企業会計の回収理論図解

第3章 資本の循環〔機械の減価償却費と残存価額は別物である〕 131

ここで、資本論で展開される資本の循環（再生産表式）と企業会計の回収理論とを対比すれば、次のことが理解できる。

【表16】

<u>資本の循環</u>　と　<u>回収理論</u>
（資本論）　　　（会計理論）

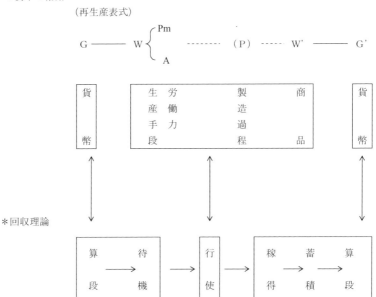

*資本の循環
　　（再生産表式）

*回収理論

①再生産表式のGは、回収理論の待機分に相当する。

②再生産表式の、

$$W \begin{cases} Pm \\ A \end{cases} \cdots\cdots (P) \cdots\cdots W'$$

は、回収理論の行使分に相当する。この部分は、再生産表式が、

$$W \begin{cases} Pm \\ A \end{cases} \cdots\cdots (P) \cdots\cdots W'$$

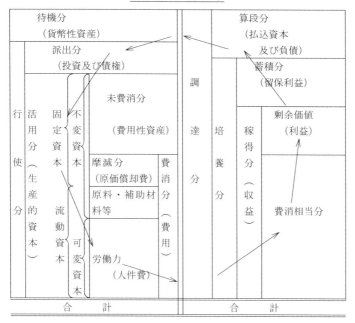

【表17】企業資本

　と詳しい割に、回収理論の方が「行使分」という短い一言で相当させているように見える。しかし、この「行使分」を展開すれば、【表17】でも明らかなように、派出分＋活用分（未費消分＋費消分）となる。更に費消分を展開すれば、財務諸表の付属明細書であるところの、「製造原価報告書」の内容にまで広がりを持っているのである。

$$W \begin{cases} Pm \\ A \end{cases} \cdots\cdots (P) \cdots\cdots W'$$

は、行使分の中の一部分である製造原価報告書の内容に相当すると言えよう。

　③再生産表式の、$W' - G'$は、回収理論の稼得分、蓄積分に相当する。

マルクスの再生産表式は価値次元において構成され、すぐれて抽象的な理論であるから、これを価格次元の現実分析に利用することは否定されるべきだという考え方は、わが国のマルクス経済学者のあいだではかなり根強く存在しているようである。
　しかし、資本論にも、「以下の研究のためには生産価格と価値との相違は無視しても良い。というのは、ここで考察するように、労働の年間総生産物の価値、つまり社会的総資本の生産物の価値を考察する場合には、およそこのような相違はなくなってしまうからである」（第3巻 p.840）とあり、
　また「資本主義的生産様式が解消した後にも、社会的生産が保持される限り、……簿記が以前よりもいっそう重要になる……」（第3巻 p.859）とある。
　これに勇気を得て本章では、価値次元の再生産表式と、価格次元の会計理論とを同次元において論じていることを了解願いたい。
　本章は、主として資本論第2巻に相当する部分を、会計理論と対比させつつ論じてみた。そして、ここで明確にしたかったのは次の2点である。

　第1に、資本論でいう資本とは何か、ということ。
　第2に、企業資本の同じ活用分でも、未費消分と費消分とでは、その性格が全く異なるということ。つまり、前者は貸借対照表項目（stock）であり、後者は損益計算書項目（flow）であるということであった。

　これらを明確にしたことは次章において2つの法則、なかんずく、第2法則の検討をする際にその効果を発揮するであろう。
　本書第2章「資本論の基本命題」が資本論の縦の柱を論じたのに対し、3章「資本の循環」は、資本論の横の柱（梁）について論じたということができる。設計図に例えれば、剰余価値の生産・資本の蓄積・利潤への転化等を論じた資本論第1巻及び第3巻は、立面図であり、資本の循環と回転等について論じた第2巻は、平面図であると言うこともできよう。

第4章　2つの法則の検討

(1) 第1法則（＝基本命題No. 5）の検討〔剰余価値論の矛盾を突く〕

「消費される生産手段の価値、すなわち不変資本部分だけを代表する価格要素の相対的な大きさは、蓄積の進展に正比例するであろうし、他方の、労働の代価を支払う価格要素、すなわち可変資本部分を代表する価格要素の相対的な大きさは、一般に、蓄積の進展に反比例するであろう。」（第1巻 p.651）

これが「資本主義的蓄積の一般法則」（ここでいう第1法則）を示す文である。これからこの第1法則の検討に入るが、まずイギリスの最近の経済状況を紹介することから始めよう。

「階級闘争の相対的な優位は労使のあいだを行き来したけれども、全体としてみれば、労働者階級の力の成長が大きく産業の収益性（＝利潤分配率）を減少せしめた」（A. グリン、B. サトクリフ著『賃上げと資本主義の危機』ダイヤモンド社 p.37）

「1964年から1970年までのあいだに、利潤分配率は、ほとんど半減した。着実な下降趨勢は、50年代の初め以来存在していた。すなわち、分配率は、1950～1954年の、25.2パーセントから1960～1964年の21.0パーセントに低下した。だが、それ以降、着実な低下は雪崩に転化した。利潤分配率は1964年の21.2パーセントから1970年の、12.1パーセントに低下した」（同 p.61）

「もしも資本家がコスト（賃金）の上昇を価格の引き上げによって埋め合わせることができれば、彼らの利潤マージンを傷つけなくてすむだろう。だが、もし彼らが市場を失ってはならないとすれば、ただ他国の競争企業が価格を上げる程度までしか、その価格を上げることはできな

【表18】 会社の純産出における利潤分配率　1950 – 70 年（%）

	1950 – 54	1955 – 59	1960 – 64	1965 – 69
賃金	74.8	77.2	79.0	82.6
利潤	25.2	22.8	21.0	17.4

	1964	1965	1966	1967	1968	1969	1970
賃金	78.9	79.8	82.4	81.9	83.2	85.8	87.9
利潤	21.1	20.2	17.6	18.1	16.8	14.2	12.1

『賃上げと資本主義の危機』（p.61）より

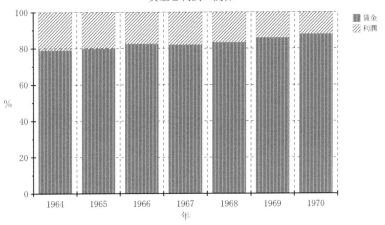

賃金と利潤の関係

い」（同 p.68）

「利潤分配率の低下の基本的理由は、一方における貨幣賃金の上昇と、他方における国際競争の累進的激化とのあいだでの利潤マージンの圧縮にあり、経済的停滞は、相対的にほとんどそれと関係がない。」（同 p.69）

「データが不十分だから利潤分配率を正確に比較することは困難だけれども、各国のこの順位はほとんどぴったりと収益性の順位に一致している。日本は断然最高の利潤分配率を示しており、EEC 諸国はそれよ

り低く、そしてイギリスと合衆国は全体のうちで最低である。1950年代に高い利潤分配率の維持を最もよくなしえた３つの国——日本・イタリア・ドイツ——が、戦前戦中にファシスト政権の支配下にあった諸国であることは、印象的である。

これらの国の独立した労働運動の壊滅は、資本が戦後期に、労働運動が回復できる前に、きわめて高い利潤分配率をおしつけることを可能にした。労働運動が最も急速に再建されたイタリアで、経済的奇跡は最初に終わった。労働運動が持続的に最も弱かった日本では、経済的奇跡は最も長く持続した」(同 p.109)

以上のレポートから言えることは、最近のイギリス経済の実状は、労働運動による労働者階級の成長によって、つまり、賃金の上昇によって利潤が下降してきた、ということである。ここには２つの重要な事実が含まれている。

その１つは、「労働者階級の成長に伴う賃金の上昇」という点であり、これは、マルクスの予測とは全く逆の結果である。マルクスは、資本主義社会における労働者階級の窮乏化を断言し、予測したが、労働者階級の成長と、それに伴う賃金の上昇などは夢想だにしなかったのである。

そして他の１つは、「賃金の上昇に伴う利潤の下降」という点である。この事実は賃金と利潤とが、相対立する関係にあることを証明したと言ってよいであろう。即ち、可変資本の増大は、剰余価値の減少を意味し、逆に、可変資本の減少は、剰余価値の増大を意味するということである。

しかし「剰余価値は可変資本から生まれ、不変資本からは生まれない」という＜基本命題№3の②＞からすれば、可変資本（賃金）と剰余価値（利潤）との間には、たとえ剰余価値率に若干の変動があろうとも、それらの増減状況に相関関係があるはずであろう。

即ち、可変資本の増大は剰余価値の増大を意味し、可変資本の減少は剰余価値の減少を意味する等の関係である。動かし難いイギリスにおける統計上の数字は、冷酷にも資本論における＜基本命題№3の②＞が誤りであ

ることを証明している。

　さらに、同じ統計上の数字は、第1法則（＝基本命題№5）をも、誤りであることを示している。即ち、マルクスは「不変資本の相対的増大と、可変資本の相対的減少」により労働者が窮乏化し、やがて収奪者（資本家）が収奪されるであろうと予測した。しかし、歴史的事実は、むしろ逆のコースをたどっているようである。

　つまり、「可変資本（人件費）の相対的増大と剰余価値（利潤）の相対的減少」によって、資本家（企業）が窮乏化し、やがて資本主義経済は崩壊するであろう、と。不変資本、可変資本、剰余価値の増減状況を、マルクスの予測とイギリスの統計が示す事実に即して図示すれば、大旨次のようになろう。

【表19】

資本論執筆中	不変資本	可変資本	剰余価値（利潤）
マルクスの予測	不変資本	賃金	利潤
イギリスの現実	不変資本	可変資本（賃金）	利潤

　今、＜基本命題№3の②＞の矛盾を指摘したついでに＜基本命題№3の①＞の矛盾にも言及しておきたい。堺屋太一著『群化の構図』（実業之日本社　p.283～84）によれば、次のように指摘されている。

　「今日（1980年）の日本は、もはや工業社会ではないし、ますますなくなりつつあるという事実だ。今や世界の先進諸国では、第3次産業の就業者が過半数を占めている。

　日本でも全就業者のうち第3次産業の占める比率が、53パーセントに達し、第2次産業の34.9パーセントを大きく上回った。しかも第2次産業就業者に統計されている中には、製造業の企業で営業関係や調

【表20】

	カナダ	アメリカ	イギリス	日 本	フランス	西ドイツ
第3次産業	66.7	66.1	58.7	53.2	52.3	50.0
第2次産業	27.6	30.1	38.6	34.9	37.7	43.6
第1次産業	5.8	3.7	2.7	11.9	10.0	6.4

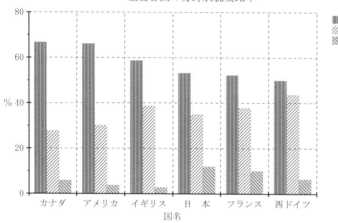

主要各国の分野別就業比率

『群化の構図』より

査、広報、金融など第3次産業的な職種にたずさわっている人々が相当数いるから、実際の数では、第3次産業関係者の比率はこれよりはるかに多いとみてもよいだろう。

　さらに最近の就業者比率でも、第3次産業の伸びは著しく高い。1970年以降、第3次産業就業者の比率は7パーセントも増えているのに、第2次産業のそれは全くの横ばいだ。

　こうした傾向は、就業者ばかりでなく、投資額についても生産高においてもみられるところである。また、若者たちの就職希望先としても、第3次産業業種が断然多い。製造業の会社を希望する者でも、本社事務や広報、調査など第3次的職種に対する希望が強い。以上のように、第

3次産業こそが、現在の中心産業であり、先端成長産業であり、若者たちの求める産業でもある。当然、多くの人々が住みたがる都市は、第三次産業の発展した都市だ。そしてその傾向は、これからの『知恵の文化』の時代にますます強まるであろう」

この引用文と、次の命題とを比べて欲しい。「剰余価値は生産過程で生産され、流通過程では生産されない」（基本命題№3の①）。

資本論によれば、「商業資本も利子生み資本も資本主義社会では派生的な形態である」（第1巻 p.179）。しかし、今や、その派生的形態が全産業の過半数を占めるに至っているのであり、これもマルクスが予想だにしなかったことであろう。

更に、その派生的形態には生産過程がないから、剰余価値が生産されないことになる。すると、第3次産業から生み出されているおびただしい剰余価値（利潤）は、全て第2次産業で生産されたものでなければならない。

これは、引用文の例によれば、現代日本の全労働者の53％を占める第3次産業就業者は、全く剰余価値を生産しておらず、全ての剰余価値（利潤）は、34.9％（正確にはそれ以下の割合）の第2次産業就業者によって、生産されていることを意味するのである。

第2次産業にそれほど利潤が出るのであれば、自由競争による利潤率の平均化の原則によって、第2次産業の就業者がどんどん増える傾向にあってしかるべきであろう。現実は全く逆である。ここに＜基本命題№3の①＞の矛盾を見る思いがする。

剰余価値の生産に関する＜基本命題№3＞は、その①及びその②の両方とも、現代社会には適応しなくなっている。これは、資本論において最重要テーマである「剰余価値論」の破産を意味するものである。

ここまでは、資本論で言う、「剰余価値は可変資本（工場労働者の賃金）からしか生まれない」という事が、いかに不合理であるかを論じて来た。

更に言えば、企業が赤字になったり、倒産したりする事を考えれば、剰

余価値には、プラスだけではなく、マイナスの剰余価値も存在する事を認めなければ、説明がつかない。剰余価値が常にプラスであるならば、赤字も倒産もあり得ないからである。

〔本書前編「10. 派遣切り」「15. 盛者必衰　GM倒産す」参照〕

(2) 第2法則（＝基本命題№8）の検討〔減価償却費（flow）と残存価額（stock）の混同〕

資本論第1巻・第2巻では商品は、価値すなわちその生産に投じられた社会的平均的抽象労働の大きさどおりに実現されるということが前提されていた。しかし、現実の資本主義社会においては、個々の商品は価値どおりにではなく、生産価格、すなわちコスト（費用価格）プラス平均利潤で実現される。マルクスは、この理論について次のように述べている。

「利潤をpと名付ければ、定式　$W = c + v + m = k + m$　は定式　$W = k + p$　すなわち商品価格＝費用価格＋利潤に転化する」（資本論第3巻、第1章p.46）　そしてその理論から続けてマルクスは「利潤率の傾向的低下の法則」（ここでいう第2法則）を導きだした。

ここでは、この第2法則の検討を行う。まず次に示す2つの公式に注目されたい。

商品の価値 $W =$ 不変資本（c）＋可変資本（v）＋剰余価値（m）
　　　　　　　　　　　　　　　　　　　　　　…………（P）
利潤率 $P' =$ 剰余価値（m）／｛不変資本（c）＋可変資本（v）｝
　　　　　　　　　　　　　　　　　　　　　　…………（Q）

上記（P）、（Q）の公式における可変資本（v）は両者共に生産過程における労賃を意味する。この中には将来の労賃となるべき性質のものは含まれていない。しかし、不変資本（c）の場合は同じ不変資本でも（P）式と（Q）式とではその内容が異なっているのである。次にその違いを示そう。

(P) 式の不変資本：
　「われわれが、価値生産のために前貸しされた不変資本という場合には、それは、前後の関連から反対のことが明らかでないかぎり、いつでも、ただ生産中に消費された生産手段の価値だけを意味しているのである」（第1巻 p.227）
(Q) 式の不変資本：
　「利潤率は、生産されて実現された剰余価値の量を、商品に再現する消費された資本部分だけで計ることによってではなく、この資本部分・プラス・消費されないが充用されて引き続き生産に役立つ資本部分で計ることによって、計算されなければならない」（第3巻 p.239）
つまり、

（P）式の不変資本（c）……生産過程での損耗分
（Q）式の不変資本（c）……生産過程での損耗分＋残存分

ということで、明らかに(P)式と(Q)式との不変資本の内容が異なるのである。

＜基本命題No.8＞「利潤率の傾向的低落の法則」は、

$$\text{利潤率 } P' = m/C \quad \cdots\cdots (A)$$
$$= m'v/(c+v) \quad \cdots\cdots (B)$$
$$= m'/(c/v+1) \quad \cdots\cdots (C)$$

と利潤率の公式を変形し、（C）式に基本命題No.5「資本主義的蓄積の一般法則（不変資本の相対的増大と可変資本の相対的減少）」を適用することによって証明されていた。

以下、順を追って＜基本命題No.8＞（第2法則）の矛盾を指摘してみよう。

　①＜基本命題No.5＞（不変資本の相対的増大と可変資本の相対的減

少）における不変資本は、「消費される生産手段の価値」をさし、未消費部分の生産手段の価値は含まれないことを、第2章の「基本命題No.5の解説」で確認しておいた。しかるに、今見てきたように、利潤率の公式の不変資本には、未消費部分の生産手段の価値が含まれているために、（C）式に＜基本命題No.5＞を適用することはできないのである。したがって、この第1段階では、第2法則が成り立つか否かは全く不明である。

②ところで、（Q）式ではなに故に生産過程での損耗分の他に残存分をも含めたのだろうか。この残存部分は、会計理論から見れば明らかに貸借対照表の資産項目であり、将来において費用化する性質のものである。それは、前章で詳しく述べた通り、当期の費用（損益計算書項目）とは完全に区別されなければならない、異質のものである。残念ながら利潤率の公式は、資産と費用とを明確に区別できず、混同したまま作成されている。

つまり、不変資本には、費用だけでなく資産も含まれているが、可変資本には資産が含まれておらず、費用だけであるという具合に。費用の数値と資産の数値とをミックスしての加減乗除は不可能である。それはあたかも、面積の数値と体積の数値とをミックスして加減乗除することができないのと同様である。従って、この第2段階までくると、利潤率の公式は、理論的に矛盾した内容の公式であることが明らかにされた。

③尚、これに先立つ前節「第1法則（＝基本命題No.5）の検討」では、＜基本命題No.3＞と＜基本命題No.5＞とが、歴史的事実からいずれも誤りであることが証明されている。従って、この2つの基本命題を前提として成り立つ＜基本命題No.8＞も、実は、既に前節の段階で破算していたとも言えよう。

＜基本命題No.8＞（第2法則）が、このような結論に至ったということは、資本論にとって致命傷である。このことは、すなわち、マルクス

第4章 2つの法則の検討　143

が予言した歴史的過程を経ての、資本主義社会の「共産主義への必然性はなかった」ことを証明するものである。ここに本論の主題は、一応完了した。

さて次は、イギリスの統計が示すように可変資本（人件費）の相対的減少からではなく、逆に人件費の相対的増大から、利潤分配率が低下し、企業の、そして資本主義社会の存続そのものが危機に瀕しているという事は注目に値しよう。

この事実は、マルクスが予言した歴史的段階を経ての、共産主義への必然性はないが、他の段階を経ての蓋然性はあるということであろう。もっとも、資本主義・共産主義を問わず、労働者が各人の労働以上の賃金を要求した場合には、国家全体の経済も成り立たないことは当然であろう。

もしも平和的或いは暴力的に、資本主義社会から共産主義社会に移行した場合、社会はどのように変わってくるのであろうか。次の第Ⅱ部では、共産主義への蓋然性を考慮して、資本主義社会と共産主義社会とを経済的側面から比較してみる。

第Ⅱ部　共産主義と資本主義との相違点

第5章　生産部門〔共産主義になれば個人的欲望はなくなるのか？〕

(1) 共産主義の特徴と理想像

　生産部門における共産主義の特徴について言及した一冊の本がある。宮川実著『経済学入門』（青木書店）がそれである。この中の「社会主義経済制度の特徴」（p.326〜30）からその要点を抜粋して紹介してみよう。尚、宮川氏は、社会主義は共産主義の第1段階であるとして、その用語を区別しておられる。しかしここでは、社会主義も共産主義の概念に含まれるものとして、論じていることを御了解願いたい。

　〔その1〕生産手段の共有
　社会主義社会では、生産手段（工場の建物・機械、鉱山の設備・土地・原料など）が社会によって所有（共有）されている。働く人々は、自分たちが共有する生産手段を用いて、互いに協力して、自分たちの物質的文化的欲望をよりよく満たすために生産を行う。資本主義社会での労働者は、資本家をもうけさせるために労働するのであるから、労働者にとって労働は犠牲である。ところが社会主義社会では、労働者は自分のために労働している。従って労働が楽しみとなり、労働者たちが互いに助けあって、労働の生産性を高めるために努力する。

　〔その2〕計画経済
　社会主義社会では、国民全体が生産手段を共有し、自分たちが労働して、自分たちの物質的文化的欲望をよりよく満たすために物質的財貨をつくっている。しかも生産は高度に社会化されている。従って、生産の目的を達成するためには、必然的に国民経済を厳密に計画し、生産と消費のあいだ、および生産諸部門のあいだにつりあいを保たせて発展せざ

るをえない。第1に生産手段部門と消費手段部門との均衡が実現され、第2に工場と農業との均衡が実現される。その結果、恐慌がなくなり、失業者が存在しなくなる。

以上の通り、生産部門における共産主義の特徴を要約すれば、「①生産手段の共有」と「②計画経済」との2つにある。宮川実氏はその結果としての社会の状況を、非常に楽観的に述べておられる。しかし、現実の共産主義国の状況は、かなり厳しいようである。

〔本書前編「16. マルクスの逆襲」参照〕

(2) 共産主義社会の現実

共産主義に対する楽観論の根本的誤りは、「生産手段を共有」すれば即「計画経済」が円滑に実行できると見込んでいるところにあると言えよう。「生産手段の共有」によって共産主義の体制は整うが、だからと言って即「計画経済」が成功するとは言えないのである。例えば日本における、あらゆる生産手段の国有化を想定すれば、現在の何百倍、何千倍もの労力が、経済の計画・統制に対して払われねばならないであろう。組織・機構は、その規模が大きくなり過ぎるとダイナミズムを失って、硬直化してしまう。

国家的な巨大組織がダイナミズムを失って硬直化した場合、その結果としての官僚主義や無責任主義が如何なる弊害をもたらしているであろうか。次にそのいくつかを紹介しておこう。

〔その1〕アンドレイ・サハロフ著『わが祖国』
　「これまでのところ社会主義とは常に一党独裁であり、貧欲で無能な官僚主義の権力掌握であり、いっさいの私有財産の没収であり秘密警察やその類のテロであり、生産力の破壊であり、破壊された生産力の回復と拡大のために、人民に際限ない犠牲を強いることであり、自由な良心や信念に対する暴力であった」(徳間書店 p.136)

〔その2〕『わが祖国』
「わが国を不断の全般的危機状態から救いだし、それに伴う全人類への危機を根絶する為には、どのような国内改革が必要だろうか。
　①重工業や主要な運輸通信機関を除いたいっさいの経済的、社会的事業の部分的非国有化。
　②サービス業（修理業・ホテル・レストランなど）小売業・教育・医療などの分野での部分的非国有化は特別に急を要する。
　③農業では、部分的非集団化と、もっとも生産的で、農村の社会的精神的健全性を回復するのにもっとも有効な私的部分の政府による奨励が必要である」（徳間書店 p.148）

〔その3〕レーチキン教授
「日本に来てこの国の状況を知り、そこで米国の事情も新聞・雑誌などで知識を得ることができた。これらの国では運も必要だが勤勉に働けばそれだけ評価される。しかしソ連は全くその反対だ。ソ連ではいくら努力しても認められないし、努力しなくても偉い人の子弟なら良い地位に就ける。昔はソ連も社会主義の理想があった。今はまるで封建社会だ。私は1960年、レニングラード電気工業大学を卒業後、電子工業の専門家としてある研究所に入った。そこではまじめに研究してもしなくても関係ないから、みんな遊んでいた。そんな生活にやりきれなくて、日本語研究に方向転換した」（昭和49年6月12日付け、サンケイ新聞夕刊）

〔その4〕レーチキン教授
「社会主義の理論はよい。しかし、それを現実の場に適用するとすべておかしくなる。ソ連も革命後、四半世紀くらいまでは社会主義への理想が燃えていた。だが物質的充足の現在では、支配階級が作り出され、彼らに反対するものを"社会主義に対する批判"だと言って押さえにかかる。物質的充足は一方でパンの平等より個人的自由、自由選挙を要求

する市民の声の増大を招くのは必然的なのに、今の指導者は自分の権力を守ることしか考えてない」（同上）

〔その5〕和田善太郎著『マルクス主義の論戦』
「ソ連は計画経済の国である。経済の計画化と管理は、2億5千万人の総人口のうち、わずかな経済官僚の手にまかされている。生産の規模や規格がつかみやすく、その数量や品種も限定されているような重工業機械とか軍需品などなら、計画経済も簡単にやっていけます。しかし、経済規模も拡大し、複雑な状態になっている消費物資の生産は、少人数者の企画能力だけに依存していては計画もスムーズに運用されないのが当然です。

2億の国民の欲望、需要に具体的な形で応じなければならないのに、国民全体の欲望というものは複雑で、単純な計算では測定できないからです。欲望に応じて選ばせるのが、本来自由な人間性に忠実な政治である。しかし、弱肉強食の自由社会を否定するあまり、人間の欲望さえおしつぶす社会にしてしまった。公害、高金利、高物価など、多数者の生活をおびやかす利己的な自由は政治で統制する。しかし、その他はなるべく自由競争をいとなむ社会が理想である」（講談社 p.66～67）

〔その6〕『小泉信三全集』
「官吏或いは官僚制度に対する不平は、今日本の野に満ちている。その不平は官吏の弄権、不能率と不清廉とに対するものである。私はこれ等の不満が凡て至当であるとは思わないが、その多くの部分に理由ありと認めるものである。これに処するには如何にすべきか。極めて簡単な答えは、能う限り官吏の仕事を少なくすることであると思う。

本来の性質上、官吏と民間実務者と果たしてそのいずれが親切であり、能率的であるべきものであるかは如何ようにも講ずることができる。ただ民間業務者にあっては、その不親切や不能率は直接自分に報いて来る。不親切や不能率の業務者は客を失って損をする、ということが

即ちそれである。官吏の場合にも、この応報は絶無ではないが、遙かに微弱で間接的である」(文藝春秋 p.69 〜 70)

官僚主義による弊害は、人類の将来を悲観視させるのに十分である。
〔本書前編「13. キューバ革命 50 年の現実」参照〕

(3) 財務諸表を参考にして
共産主義に対する楽観論及び悲観論はこれくらいにしよう。次に最も簡単な財務諸表を参考にして共産主義経済と資本主義経済の比較を行ってみる。

①製造部門の検討
製品を製造するのに必要な一切の費用は、製造原価報告書に表示されている。費用の種類は大きく分けて、材料費・労務費・諸経費・減価償却費である。これらは共産主義であろうと資本主義であろうと、その必要性は基本的に変わるまい。即ち、「生産手段の共有」に基づく「計画経済」であっても必要な費用である。

但し、あえて比較の要素があるとすれば、どちらがより効率が良いか、無駄が少ないかという点であろう。これらは政府首脳から、一労働者に至るまで、全関係者の情熱・意欲・創意工夫・計画性によるところが大きく、一概には決め難い問題である。

計画性のない無政府状態では、社会的に必要以上の商品を製造してしまう、という無駄が生ずるであろう。情熱も創意工夫も無くして製造した製品は、量的には計画的に製造しても、質的には粗悪品でしかなく、結果として使いものにならないこともあろう。前者は資本主義的・自由主義経済で生じがちな無駄であり、後者は、共産主義的・全体主義経済で生じがちな無駄である。

②販売部門の検討
資本論では、この販売部門を流通部門に含めて考え、「ここでは何の

【表21】

製造原価報告書 (単位:千円)

材料費	980	期末仕掛品	110
労務費	405	当期製品製造原価	1750
諸経費	325		
減価償却費	15		
期首仕掛品	135		
	1860		1860

損益計算書 (単位:千円)

期首商品	255	売上	2200
当期製品製造原価	1750	期末商品	210
給料	95	受取利息	10
諸経費	175		
減価償却費	10		
支払利息	40		
棚卸減耗損	30		
当期純利益	65		
	2420		2420

貸借対照表 (単位:千円)

材料	200	諸負債	500
仕掛品	110	資本金	300
製品	210	繰越利益金	220
諸資産	565	当期純利益	65
	1085		1085

価値も生じない」としている（基本命題No.3）。その点はともかく、資本主義社会で現実に活用されている簡単な損益計算書で、具体的に資本主義経済の無駄を指摘してみよう。

　製品を販売する為に必要な費用は、給料・諸経費・減価償却費・支払

利息・棚卸減耗損等である。この内、給料には販売員給料手当、事務員給料手当、役員給料手当が含まれる。また諸経費には、販売員旅費、広告宣伝費、交際費、発送費、配達費、地代家賃、修繕費、事務用消耗品費、通信交通費、雑費等が含まれる。資本主義経済に独特の費用は、これらの内、広告宣伝費と交際費であろう。確かに計画経済がスムーズに実施されている時は、販売せんが為の広告宣伝費や交際費は不要であり、無駄な費用である。

一方、共産主義経済から生ずる無駄について考えてみよう。共産主義社会で作成された損益計算書が手もとにないため、直接それを指摘することはできない。しかし、ここに共産主義国といわれたソ連における例があるので紹介したい。

　「官僚的な経営によって明白な失政が行われていることに対しての怒りがある。政治には、はるか縁遠い人でさえも、毎年収穫した野菜や果物や穀物の相当部分が腐っていくのに気づかないわけにはいかない。農場へ輸送する途中で、化学肥料のほぼ50パーセントが使い物にならなくなり……」(サハロフ著『わが祖国』p.54)

このような大がかりな無駄と、資本主義的自由経済における広告宣伝費や交際費等の無駄とを比べたとき、どちらが大きいのであろうか。
　結局、①製造部門、②販売部門、各々の検討をしても、生産部門では、資本主義社会と共産主義社会との、どちらか一方の効率が良いとは決定できないようである。

第6章　分配部門〔共産主義でも国民の生活必需品は変わらない〕

(1) 共産主義社会の第1段階における分配

共産主義社会における分配のあり方について、マルクスは「ゴータ網領批判」の中で、

①共産主義社会の第1段階における分配
②共産主義社会のより高度の段階における分配

との2段階に分けて論じている。ここでもそれに従って論を進めたい。
まず共産主義社会の第1段階に於ける分配のあり方として、次のように述べている。

「資本主義社会からうまれおちたばかりの共産主義社会の第一段階においては、これらの生活資料は各人の提供した労働量に応じて分配される。この労働量は、労働時間に労働の強度を加味して測定される。このように生活資料を、各人の提供した労働量に応じて分配するとすれば、各人の能力が不平等であるかぎり、なお分配にたいする請求権も不平等となることをまぬがれない。
　平等の権利とは不平等の労働にたいする不平等の権利である。こうした不平等は、共産主義社会の第1段階においては避けることのできないものである。この社会は長いうみの苦しみののち、やっと資本主義社会からうまれたばかりであって、労働の生産力はまだ十分に伸びていないからである。権利というものは、その社会の経済的装備、およびそれによって生じる文化の発達よりも高く登ることはできない」(『マルクス・エンゲルス全集』第19巻p.19〜21趣旨)

そして、このような共産主義社会の第1段階においては、配分する前に次のようなものが控除されなければならないという。

「ところで、この社会的総生産物からは、次のものが控除されなければならない。
　第1に、消耗された生産手段を置きかえるための補填分　………①
　第2に、生産を拡張するための追加部分　　　　　　　　………②
　第3に、事故や天災による障害にそなえる予備積立または保険積立。
　　　　　　　　　　　　　　　　　　　　　　　　　　　………③
『労働の全収益』中からこれらのものを控除することは経済上の必要である。この控除の大きさは、もちあわせている手段と力とに応じて、また一部は確率計算によって決定されるべきものである。しかし、けっして正義によって算定できるものではない。総生産物の残りの部分は、消費手段としての使用にあてられる。しかし、各個人に分配されるまえに、このなかからまたつぎのものが控除される。
　第1に、直接に生産に属さない一般管理費　　　　　　　………④
　この部分は最初から、今日の社会にくらべればきわめてひどく縮小され、そして新社会が発展するにつれてますます減少する。
　第2に、学校や衛生設備等のような、欲求を共同でみたすためにあてる部分
　　　　　　　　　　　　　　　　　　　　　　　　　　………⑤
　この部分は最初から、今日の社会にくらべてひどくふえ、そして新社会が発展するにつれてますますふえる。
　第3に、労働不能者等のための元本。つまり、今日のいわゆる公共の貧民救済費に当たる元本」（同 p.19）　　　　　　　　　　………⑥

次に、以上の6項目を財務諸表と対比させてみたい。
本書後編の第Ⅰ部で見てきたように理論上の剰余価値は、現実には利益として目に見える姿となって表れてくる。従って剰余価値の処分（分配）は、現実には利益の処分（分配）として表れてくる。資本論においてマル

クスは、「剰余価値は全て資本家が搾取する」と前提しているが、実際にはどうであろうか。今日の日本で行われていることを、財務諸表の最終段階である利益処分計算書に見てみよう。

【表22】は、利益処分計算書の1例である。現代の資本家をどのように定義するかによって、資本家の範囲は大分変わってくる。しかし、この利益処分計算書を一瞥しただけでも、「利益（剰余価値）の全てを資本家が搾取する」ということはあたらないであろう。更にこの利益処分計算書に損益計算書を連動させて、「ゴータ網領批判」の6項目とを対比すれば、現代資本主義社会の配分様式と、共産主義社会の第一段階における配分様式との比較がほぼ可能になるので、これを表示してみよう。(【表23】)

当然、財務諸表の各項目と「ゴータ網領批判」の各項目とが厳密な意味で比較できるものではない。また、利益処分項目の検討をつうじて分配様式を考察する際には、貸借対照表の資本の部に表示される諸項目が、誰の持分を表すかといういわゆる会計主体論の問題をさけてとおることはできまい。しかし、会計理論の方だけ厳密にしても、対比される相手が厳密でなければあまり意味がない。今の段階では極めておおざっぱであり、不正確であることは十分承知の上で、両者の類似性を指摘しておきたいのである。

【表22】

利益処分計算書

平成　　年　　月　　日

Ⅰ	当期未処分利益			265
Ⅱ	利益処分額			
	1. 利益準備金		20	
	2. 法人税		40	
	3. 株主配当金		30	
	4. 役員賞与		10	
	5. 任意積立金		30	130
Ⅲ	次期繰越利益			135

次の【表23】で明らかなように、共産主義社会で分配の前に控除されるべき部分は、今日でも実質的に控除されており、その残りの部分が分配にあてられている。即ち、

①消耗された生産手段を置き換えるための補填分、及び、
③事故や天災による障害にそなえる予備積立または保険積立は「任意積立金」として控除され、
②生産を拡張するための追加部分は「利益準備金」として、
④直接に生産に属さない一般管理費は、損益計算書内の人件費以外の「一般管理費」として、最後に、
⑤学校や衛生設備等のような欲求を共同でみたすためにあてる部分、及び、
⑥労働不能者等のための元本、つまり今日のいわゆる公共の貧民救済費

【表23】財務諸表とゴータ綱領批判との比較表

		「財務諸表」 資本主義社会における 分配のあり方	「ゴータ綱領批判」 共産主義社会の第Ⅰ段階における 控除と分配のあり方	
損益計算書	1. 人件費（給与・賞与等）	［分配に当てられる部分］		
	2. その他の費用	④直接に生産に属さない一般管理費（減少の傾向）		
利益処分計算書	1. 利益準備金	②生産を拡張するための追加部分		
	2. 法人税	⑤学校や衛生設備等のようないろいろな欲求を共同でみたすために当てる部分 ⑥労働不能者等のための元本。つまり、今日の公共の貧民救済費にあたる元本。	増加の傾向
	3. 株主配当金		
	4. 役員賞与	［分配に当てられる部分］	
	5. 任意積立金	①消耗された生産手段を置き換えるための補填分 ③事故や天災による障害にそなえる予備積立または保険積立	

にあたる元本は「法人税」としてそれぞれ控除されている。

　従って、残された他の部分が分配に供せられるのであるが、それは財務諸表においては、

（イ）損益計算書上の人件費（給与・賞与等）、
（ロ）利益処分計算書上の、役員賞与、株主配当金である。
　　それに、ここで
（ハ）製造原価報告書上の労務費をも加えれば、共産主義社会における分配に相当する部分は全て含まれるであろう。

　このうち、「株主配当金」だけは、共産主義社会にはないという意味で、特殊であるから次節で検討する。しかし、その他の控除及び分配は、共産主義社会の第1段階における分配も、現代資本主義社会における分配（控除も分配の1部と考える）も、極めて類似していると言えよう。

〔本書前編「11．カンブリア宮殿」参照〕

(2) 株主配当金に関する一考察

【表23】の「財務諸表とゴータ網領批判との比較表」の中で「株主配当金」だけが共産主義社会には、それに相当する分配がない。言い換えれば「株主配当金」以外は、現代資本主義社会と共産主義社会の第1段階における分配のあり方は、ほぼ同じである事がわかった。
　そこで、ここでは「株主配当金」に関して考察してみよう。この場合のポイントは、株主配当金を受け取る株主とは誰か、という問題である。

〔①日本の場合〕

　『日本国勢図会』、1977～97年度版（国勢社）によれば、所有者別持ち株比率の推移は【表24】の通りである。個人持ち株は1950年代の60％台から、45年後の1995年には23.6％にまでその比率が下がっている。

【表24】所有者別持ち株比率の推移 （全上場会社）1970-95年（％）

	1970	1975	1980	1985	1990	1995
金融機関	33	36	39	42	45	41
事業法人等	25	30	27	25	26	26
個人	42	34	29	26	24	24
外国人	0	0	5	7	5	9

『日本国勢図会』（国勢社）参照

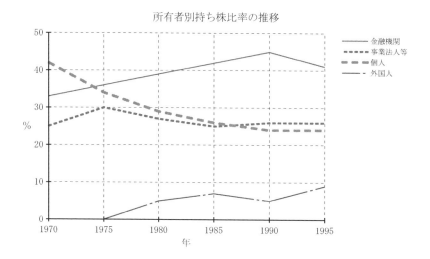

　従って、およそ全体の４分の３を金融機関や事業法人等の法人が所有し、他の４分の１を個人が所有している。しかも、個人の持ち株比率は年々減少の傾向にある。株主の大半が法人であるということは、多くの株式が法人間で持ちつ持たれつ（株式の相互保有）の状態にあるということである。
　全ての分配額に対する個人株主への配当金の比率はどの程度のものであろうか。例えば労務費・給与・役員賞与・株主配当金に対する分配額が次の通りであったと想定しよう。

労　務　費	390
給　　　与	100
役員　賞与	10
株主配当金	40
分配額合計	540

この場合の個人株主への分配比率は、

$40 \times 1/4 \div 540 \fallingdotseq 1.9\%$（$1/4$ は全株式に対する個人の持ち株比率を表す）

つまり、約1.9％に過ぎないことになる。更に控除も分配の一部と考えるならば、分配額合計はもっと大きくなるため、その比率は更に小さくなるであろう。

マルクスは、「ゴータ網領批判」の中で「共産主義社会の第1段階においても避けることのできない不平等として甘受しなければならない部分が存在する」と言っている。この株主配当金はその部分の比率と比べて、果たして大き過ぎるであろうか。「役員賞与」についても全く同様のことが言えるのであるが、役員賞与が他と比べて法外に高い場合は、「避けることのできない不平等として甘受出来なくなること」は当然である。

なお、ここで「法人株主への配当額」について論及しなかったのは、それが再び企業の収益源となって法人に還流していくため、個人に対する分配の公平、不公平を論ずる場合には直接、影響しないと考えたからである。

〔②アメリカの場合〕

私は今ここに、P.F.ドラッカー著の『見えざる革命』（ダイヤモンド社）というショッキングなレポートを手にしている。その中で氏は、アメリカこそ真の社会主義国であるとして、その根拠を次のように述べている。

「社会主義を労働者による生産手段の所有と定義するならば、アメリカこそ史上初のかつ唯一の真の社会主義国というべきである。しかも、この定義こそ、社会主義の伝統的かつ唯一の厳格な定義である。今日アメリカの民間企業の被用者は、その私的年金基金を通じて、少なくとも全産業の株式の4分の1を所有する。彼らは、全産業を優に支配しうるだけの株式を手にしている。
　さらに自営者、公務員、教職員の年金基金が、少なくとも全産業の株式の1割を所有する。したがって、アメリカの被用者と自営者は、全産業の株式の3分の1以上を所有していることになる。今後10年を考えると、年金基金はその株式所有をさらに伸ばし、1985年あるいはそれ以前において、全産業の発行株式の五割以上を所有することになるにちがいない」（同 p.2）

　つまり、アメリカにおいては、被用者（労働者）こそが大株主になりつつあると言うのである。このように考察してくるならば、現代資本主義社会における「株主」は、100年前にマルクスが目撃した「資本家」とは大分その様相を異にしており、近い将来には更に、資本家とはかけ離れた実体となっていくであろうことが予想されるのである。
　以上のことから、「株主配当金」の有無によって、現代資本主義社会と、共産主義社会の第1段階とが、決定的に異なる社会であると考える必要はない。むしろ、本章第1節でみたように、両者間には類似点が非常に多いことに、我々は注目すべきであろう。

(3) 共産主義社会のより高度の段階における分配

　続いて、共産主義社会のより高度な段階における分配について、マルクスは同じ「ゴータ綱領批判」の中で次のように述べている。（『マルクス・エンゲルス全集』p.21）

　「共産主義社会のより高度の段階で、すなわち個人が分業に奴隷的に

従属することがなくなり、それとともに精神労働と肉体労働との対立がなくなったのち、労働がたんに生活のための手段であるだけでなく、労働そのものが第一の生命欲求となったのち、個人の全面的な発展にともなって、またその生産力も増大し、協同的富のあらゆる泉がいっそう豊かに湧きでるようになったのち——そのときはじめてブルジョア的権利の狭い限界を完全に踏みこえることができ、社会はその旗の上にこう書くことができる——各人はその能力におうじて、各人はその必要におうじて！」

共産主義社会のより高度の段階に至る条件が述べられているわけだが、この文章を分解して、一歩深く検討してみよう。

①個人が分業に奴隷的に従属することがなくなる。
②精神労働と肉体労働との対立がなくなる。
③労働が単に生活のための手段であるだけでなく、労働そのものが第一の生命欲求となる。
④個人の全面的な発展
⑤生産力の増大
⑥協同的富のあらゆる泉がいっそう豊かに湧きでるようになる。

以上のように分解した文章を整理しなおしてみると、①⑤⑥は、もっぱら、湧き出る程の生産力の増大を前提とし、②③④は、差別感、怠惰性、エゴのない完成された人間社会を前提としていることがわかるのである。従って、これを一言で言えば、

❶湧きでるほどの生産力の増大と、
❷菩薩か仏の如く完成された人間の社会と。

以上の２大条件が整った場合に、

各人はその能力に応じて働き
　各人はその必要に応じて分配される。

という共産主義社会の"より高度の段階"は実現すると言えよう。
　しからば、この２大条件の実現の可能性や如何に。マルクス主義者は、共産主義社会にさえなれば、あとは時間の問題で、必ず実現されると考えているようであるが、私は、それ程甘くはないと考える。
　次にその理由を述べてみよう。

❶「湧き出る程の生産力の増大」について
　近年、世界的な問題として提起されつつある中に、資源の枯渇の問題がある。マルクスの時代は、生産力が低かったがために、民衆は貧乏を強いられた。しかし、生産力さえ増大すれば、自然的富は無限にあるのだから、民衆はいくらでも豊かになり得る、と考えていたようだ。この思想は、つい30年ほど前まで生きていたのであり、資源が枯渇するなどとは、誰も考えなかったことである。
　現実は、どうやら自然的富は無限ではないようだ。生産力は絶えざる技術革新によって、おそらくマルクスの想像を絶する程の増大を示していると言ってよかろう。しかし、自然的富の限界という障害が、共産主義社会のより高度の段階を実現する前に大きく立ちはだかったのである。今や物質的富を追求する時代から、自然的富の再生産と調和を図りながら前進しなければならない時代に入ったのである。それを無視した場合、人類の未来は極めて見通しの暗いものとなってしまうであろう。

❷「菩薩か仏の如く完成された人間の社会」について
　これは単に条件文から読み取れるだけではない。その結果としての「各人はその能力に応じて働き、各人はその必要に応じて分配される」という文からも同じことが言えよう。即ち、「能力に応じて働き」とは、ある人は自分の生活に必要以上働くであろうし、またある人は、自分の生活に必

要以下しか働かない。しかし、どちらの人にも、必要に応じて分配されるわけである。

　この場合、後者の人に不服はあるまいが、前者の人に不満がないであろうか。自分の働いた分も他の人にあげようという気持ちは、なかなか持てないものである。その証拠に、共産主義者も、もとはと言えば、自分（労働者）の働いた分は、自分（労働者）がもらいたい。即ち、資本家に搾取されたくないから共産主義社会を目指すのだから。奉仕的精神が各人にあれば、少しぐらい資本家に搾取されたからといって、腹を立てたりはしないだろう。

　人間生命の奥深くに巣食っている欲望や、エゴ、怠惰性などの汚れた生命は、資本主義社会から共産主義社会になったからと言って、自動的に浄化されるとは考えられまい。むしろ、もし人間の生命が美しく蘇生して、皆の生命が、菩薩の如き利他の精神や、仏の如く清浄な心で満たされてくるならば、資本主義であろうと、共産主義であろうと、富の分配について問題になるようなことはあるまい。

　逆に、人間の生命が浄化されないならば、いつまでたっても共産主義社会のより高度の段階は実現しないことになる。実現の鍵は、人間の生命の問題に帰着して来る。資本主義か、共産主義かの問題よりも、より本源的には、人間生命の浄化が可能か否かの問題になって来るようである。

　以上の通り、マルクスの言う「共産主義社会のより高度の段階」は、一方の資源の枯渇という外的要因から、そして他方の、人間の生命という内的要因から、その実現性は極めて低い。むしろ実現の可能性は無いと認識した方が良いであろう。科学的社会主義と言われ続けて来たマルクシズムも、結局、空想的社会主義でしかなかった事を、私はここに証明する結果になってしまったのである。その上で、我々人類はどのように生きるべきか。その道を模索しなければならない。私はその第一段階の手掛かりとして、Ｅ．Ｆシュマッハー著による『人間復興の経済』（佑学社）を推薦させていただきたい。

〔本書前編「17．マルクスは生きている」参照〕

おわりに

　これで、ひとまずこの小論を終えておきたい。意を尽くしてない部分が各所にあって、読みにくかったであろうことを、読者にまずお詫び申し上げたい。
　私がこの小論で申し上げたかったことは次の2つである。

　　第1は、マルクスが予言した共産主義社会必然論は誤りであったことの証明である。これは第Ⅰ部でなされている。

　　第2は、例え多くの犠牲を払って無理矢理共産主義社会にしたとしても、「共産主義社会の第1段階」における社会システムは、現代資本主義社会とほとんど変わらないものである。そして「共産主義社会のより高度の段階」は、結局、空想でしかなく、実現性はない、という事の証明である。これは第Ⅱ部でなされた。

　私は決して、感情的な反共主義者ではない。むしろ、大学生の頃はかなり積極的に共産主義に共感を覚えていた者の一人である。しかし、こうして冷静に共産主義理論を分析した結果、以上のような結論を得たのである。これは、マルクスの言う「歴史的過程を経ての共産主義化」や、「共産主義社会のより高度の段階」の実現性はない、ということである。だからと言って、私は現代資本主義社会が、今のままで良いとは全く考えていない。むしろ積極的な改革論者のつもりである。ただ現実を否定するあまり、極端に走ることを心配するのである。
　長い間の模索を経て、人間の英智は、中道を指向し始めたようである。本著の最後に紹介したE．Fシュマッハーによる『人間復興の経済』の基本理念の1つも中道論である。

最後に、A．トインビー著『歴史の研究』（世界の名著 p.292）に、味わい深い示唆があるので紹介しておきたい。

　「かつて全く無統制だった民主主義諸国の経済の中にも明らかに不可抗の勢いで計画化が侵入しつつある事実は、すべての国の社会構造が近い将来において、国家主義であると同時に、社会主義的なものになる可能性のあることを暗示する。単に資本主義体制と共産主義体制とが肩をならべて存続するように思われるというだけではない。資本主義と共産主義とは、ほとんど違いないものに対する別の名称になりつつあるのかもしれない」

〔本書前編「2．アエロフロート機内にて」参照〕

主な参考文献

(1)『マルクス経済学体系辞典』(第三出版) 高島善哉・越村信三郎監修
(2)『新訂図解資本論』(春秋社) 越村信三郎著
(3)『資本論学習要綱』(学習の友社) 宮川実
(4)『マルクス・エンゲルス全集』(大月書店) 大内兵衛・細川嘉六監訳
(5) 資本論①～⑤ (大月書店) 大内兵衛・細川嘉六監訳
(6)『経済学入門』(青木書店) 宮川実著
(7)『わが祖国』(徳間書店) アンドレイ・サハロフ著 高橋正訳
(8) 世界の名著『歴史の研究』(中央公論社) トインビー著 長谷川松治改訳
(9)『見えざる革命』(ダイヤモンド社) P.F.ドラッカー著 佐々木実智男・上田惇生訳
(10)『賃上げと資本主義の危機』(ダイヤモンド社) A.グリン、B.サトクリフ著 平井規之訳
(11)『人間復興の経済』(佑学社) E.F.シュマッハー著 斉藤志郎訳
(12)『日本国勢図会』(国勢社) 矢野恒太記念会編
(13)『近代会計理論』(国元書房) 山桝忠恕著
(14)『資本論物語』(有斐閣) 杉原四郎・佐藤金三郎編
(15)『資本論の学習』(新日本新書) 金子ハルオ著
(16)『マルクス経済学を学ぶ』(有斐閣) 横山正彦・金子ハルオ編
(17)『資本論と日本経済』(有斐閣) 川上正道著
(18)『資本論講義』Ⅰ～Ⅳ・別巻 (青木書店) 宮川実著
(19)『マルクス・エンゲルス選集』(新潮社) 向坂逸郎編
(20)『非営利会計』(中央経済社) 阪本寅蔵著

江島正東（えじま・まさはる）
 1946年満州・鞍山市生れ、東北大学経済学部卒業。団体職員を経て、2007年退職。その間、公益会計、企業会計に従事。論文に「実践の非営利会計」。退職後、アドベンチュアー・ツアーを趣味とし、旅行記をブログに掲載中。http://ejima.a.la9.jp/

『資本論』ノート
―共産主義への必然性はなかった

2015年3月20日　初版第1刷印刷
2015年3月30日　初版第1刷発行

著　者　江島正東
発行者　森下紀夫
発行所　論　創　社
東京都千代田区神田神保町2-23　北井ビル
tel. 03（3264）5254　fax. 03（3264）5232　web. http://www.ronso.co.jp/
振替口座　00160-1-155266
装幀／宗利淳一＋田中奈緒子
印刷・製本／中央精版印刷　組版／フレックスアート
ISBN978-4-8460-1410-0　©2015 Ejima Masaharu, printed in Japan
落丁・乱丁本はお取り替えいたします。